桥梁工业化与智能化建造丛书

INDUSTRIALIZED INTELLIGENT
MANUFACTURING TECHNOLOGY OF
BRIDGE FABRICATED CONCRETE T-BEAM

桥梁装配式混凝土T梁工业化智能制造技术

钱叶琳　苏　颖　石雪飞　李长春　等　著

人民交通出版社股份有限公司
北京

内 容 提 要

本书通过介绍国家及行业背景,调研分析桥梁工业化建造智能工厂的发展,开展了以合枞高速为依托工程的桥梁工业化建造智能工厂研究,详细介绍了新型装配式 T 梁智能生产成套装备研发、智能生产工艺与质量控制技术,以及基于订单制的工厂生产信息化管理技术等方面的技术要点。

本书可供公路和城市建设部门从事桥梁管理、设计、施工、工程研究的专业技术人员参考使用。

图书在版编目(CIP)数据

桥梁装配式混凝土 T 梁工业化智能制造技术/钱叶琳等著.—北京:人民交通出版社股份有限公司,2022.12
　ISBN 978-7-114-18337-9

　Ⅰ.①桥…　Ⅱ.①钱…　Ⅲ.①T 形梁桥—装配式混凝土结构—预制结构　Ⅳ.①U448.21

中国版本图书馆 CIP 数据核字(2022)第 211836 号

Qiaoliang Zhuangpeishi Hunningtu T Liang Gongyehua Zhineng Zhizao Jishu

书　　名:	**桥梁装配式混凝土 T 梁工业化智能制造技术**
著 作 者:	钱叶琳　苏　颖　石雪飞　李长春　等 著
责任编辑:	李　娜
责任校对:	席少楠　卢　弦
责任印制:	张　凯
出版发行:	人民交通出版社股份有限公司
地　　址:	(100011)北京市朝阳区安定门外外馆斜街 3 号
网　　址:	http://www.ccpcl.com.cn
销售电话:	(010)59757973
总 经 销:	人民交通出版社股份有限公司发行部
经　　销:	各地新华书店
印　　刷:	北京建宏印刷有限公司
开　　本:	787×1092　1/16
印　　张:	10.25
字　　数:	234 千
版　　次:	2022 年 12 月　第 1 版
印　　次:	2022 年 12 月　第 1 次印刷
书　　号:	ISBN 978-7-114-18337-9
定　　价:	68.00 元

(有印刷、装订质量问题的图书由本公司负责调换)

《桥梁装配式混凝土 T 梁工业化智能制造技术》
编 委 会

主　　编：钱叶琳

副主编：苏　颖　石雪飞　李长春

编　委：宋　军　王静峰　余　梦　刘志权
　　　　汪志伟　李小祥　卢小凤　殷晨昂
　　　　宋国庆　朱超宇　过　令　许　琪

序

桥梁工业化建造是以现代化的制造、运输、安装和科学管理的建造方式,替代传统桥梁建设中粗放式、高消耗、低水平、低效率的手工业生产建造方式,具有桥梁设计标准化、构件生产工厂化、施工安装机械化与组织管理科学化的特征。

近年来,随着人工成本的急剧上升,国人环境意识的提高,桥梁工业化建造已成为时代发展的趋势,也是社会发展的需求。交通运输部"十四五"现代综合交通运输体系规划中明确提出加快桥梁工业化的发展,提出牢固树立并切实贯彻"创新、协调、绿色、开放、共享"五大发展理念。这是关系我国发展全局的一场深刻变革。今后,桥梁工程的发展离不开"落实五大发展理念,打造品质工程"的新理念、新要求。

在不断探索、持续开拓创新与实践桥梁工业化建造新征程的过程中,安徽省路港工程有限责任公司创新先行,始终坚持产、学、研紧密结合,不断推进科技创新与产业转型升级,开展了先进智能制造理论、智能工厂建设、智能成套装备设计选型、智能生产工艺、生产信息化管理及关键技术研究与应用。这些技术在预制工厂合理空间布局设计、智能装备优化配置、先进施工工艺及质量管控等多个方面取得了新的突破,实现了集约、高效、安全、环保、经济的建设目标,综合效益显著,引领了当下绿色公路发展新变革、新方向,形成了一批具有优良示范效应的桥梁工业化建造先进成果,使公司成为安徽省交通创新发展的主力军。

为更好地展示创新技术成果,促进行业技术交流,推动成果推广应用,安徽省路港工程有限责任公司组织编写了《桥梁装配式混凝土T梁工业化智能制造技术》一书。该书的出版,将为进一步探讨以绿色为主题的桥梁工业化建造技术的发展提供重要参考。

中国工程院院士　全国工程勘察设计大师

前言

我国桥梁工业化建造起步晚于国外,但经过几十年的技术探索与发展,已逐步积累了一定的工业化建造实践经验。但是,长期以来受到生产方式不先进、设备衔接不集约以及管理手段不足等因素的影响,我国桥梁工业化建造的程度不高,依然有很大的发展空间。实践表明,桥梁工业化建造不仅要从便于装配施工的角度对结构形式进行改进和优化,也要对生产方式的组织、生产手段、质量控制方法、管理模式以及建造模式等进行全方位的转变升级,才能建立起完善的桥梁工业化建造体系,取得更好的建造效果。

本书以合枞高速预制标桐城预制厂建设和T梁构件生产为例,针对T梁预制的质量、工艺及模块化需求进行分析,结合参建各方总结理论、技术、经验等,提出对各类设备、装置构成的组织结构与参数需求,开展原型设计,配合设备试制,建立成套装备体系,详细介绍了预制厂布局、生产线设计、装备选型、生产工艺、智能管控等方面的要点。

第1章 绪论,介绍国家及行业发展背景。

第2章 装配式桥梁预制智能工厂,调研并介绍目前智能工厂发展状况及规划布局思路。

第3章 装配式混凝土T梁智能生产线及装备,介绍智能生产线以及成套装备配置研发。

第4章 装配式混凝土T梁智能生产工艺及质量控制技术,介绍施工生产工艺及质量管控。

第5章 装配式混凝土T梁生产信息化管理技术,介绍智能工厂科学化、信息化、智能化管理技术。

以上内容涵盖了桐城预制厂的建造模式、创新的设计技术以及施工技术方面的实践成果,从体系到细节不一而足,形成了可直接借鉴的集设计、施工、管理于一体的成套技术体系。

  由于编者水平有限,书中不当之处在所难免,敬请读者批评指正!

编 者
2022 年夏于安徽合肥

目录

第 1 章　绪论 ··· 1
　1.1　桥梁工业化建设发展背景与基础 ··· 1
　1.2　依托工程和产品 ··· 4
　1.3　本书内容 ··· 6

第 2 章　装配式桥梁预制智能工厂 ··· 7
　2.1　智能工厂发展概述 ··· 7
　2.2　典型工厂的调研分析 ··· 23
　2.3　智能工厂的规划布置 ··· 35
　2.4　本章小结 ··· 46

第 3 章　装配式混凝土 T 梁智能生产线及装备 ··· 47
　3.1　智能生产线选型及总体布置 ··· 47
　3.2　智能生产线装备 ··· 65
　3.3　多机联动策略 ··· 85
　3.4　多样产品兼容生产支撑技术 ··· 90
　3.5　本章小结 ··· 95

第 4 章　装配式混凝土 T 梁智能生产工艺及质量控制技术 ··· 96
　4.1　生产流程及节拍控制 ··· 96
　4.2　生产工艺 ··· 101
　4.3　质量控制与提升 ··· 114
　4.4　本章小结 ··· 125

第 5 章　装配式混凝土 T 梁生产信息化管理技术 ··· 126
　5.1　概述 ··· 126
　5.2　基于订单制的信息管理技术框架 ··· 129
　5.3　一体化信息管理平台 ··· 131

5.4 智能检测及大数据分析技术 …………………………………… 138

5.5 本章小结 ……………………………………………………… 150

参 考 文 献……………………………………………………………… 152

第 1 章
CHAPTER 1

绪论

1.1 桥梁工业化建设发展背景与基础

1.1.1 国家与行业背景

桥梁的工业化建造是我国桥梁工程发展的必然趋势之一,而工厂化生产与信息化管理是桥梁工业化建造的重要特征,也是桥梁工业化建造的重要环节。

2015年党的十八届五中全会首次提出了"创新、协调、绿色、开放、共享"五大发展理念。交通基建工程在此框架下开展了行业技术发展以及革新工作。

2016年9月27日,国务院办公厅发布了《国务院办公厅关于大力发展装配式建筑的指导意见》(国办发〔2016〕71号),其中明确提出了"坚持标准化设计、工厂化生产、装配化施工、一体化装修、信息化管理、智能化应用,提高技术水平和工程质量,促进建筑产业转型升级"。

在此基础上,2020年住房和城乡建设部等九部门联合发布了《住房和城乡建设部等部门关于加快新型建筑工业化发展的若干意见》(建标规〔2020〕8号),意见指出"新型建筑工业化是通过新一代信息技术驱动,以工程全寿命期系统化集成设计、精益化生产施工为主要手段,整合工程全产业链、价值链和创新链,实现工程建设高效益、高质量、低消耗、低排放的建筑工业化。"该意见对新时期的建筑工业化发展提出了新的要求。

2020年7月,住房和城乡建设部等13部门联合发布《住房和城乡建设部等部门关于推动智能建造与建筑工业化协同发展的指导意见》(建市〔2020〕60号)(以下简称《指导意见》),提出以大力发展建筑工业化为载体,以数字化、智能化升级为动力,创新突破相关核心技术,加大智能建造在工程建设各环节应用,形成涵盖科研、设计、生产加工、施工装配、运营等全产业链融合一体的智能建造产业体系,提升工程质量安全、效益和品质,有效拉动内需,培育国民经济新的增长点,实现建筑业转型升级和持续健康发展。突出和强调了"建筑工业化"与"智能建造"协同发展的思路和要求。

工厂化制造、装配化施工的桥梁建造技术和智能化管理的项目总流程,与五大发展理念以及交通运输部推进的"品质工程"建设理念高度契合,适合进行产业化推广,成为桥梁技术发展的主要趋势之一。

新《指导意见》成为未来桥梁工业化建造技术发展和进步的主要方向。在努力实现桥梁工业化发展的道路上要积极转变发展模式,深度融合智能制造的相关技术和观念。加快产业升级,在全产业链实现工业化、智能化、信息化的转变。

1.1.2 地方背景

随着我国经济发展由高增速向高质量阶段发展,安徽省提出推动高质量发展走在全国前列的目标。公路是现代社会必需的基础设施,是各种经济社会活动的联系纽带。为实现经济社会发展目标,在未来一段时间公路工程建设将继续成为基建的重心之一。

2021年4月21日,安徽省政府发布了《安徽省国民经济和社会发展第十四个五年规划和2035年远景目标纲要》(皖政〔2021〕16号)(以下简称《安徽发展纲要》)。《安徽发展纲要》指出:明确战略定位,强化优势互补,增强各区域板块内生发展动力,打造安徽特色的高质量发展动力系统。

《安徽发展纲要》还指出:以推进淮河(安徽)生态经济带建设为抓手,完善机制、成立专班,发挥优势、补齐短板,打造高质量发展新动力源,实现经济增长较大幅度高于全省。依托重大新兴产业基地建设,实施一批科技重大专项和重大工程,打造若干具有重要影响力的战略性新兴产业集群。强化皖北地区交通基础设施建设,构建以高铁、城际铁路和高速公路为骨干,国省干线为脉络,民用运输机场和通用机场合理布局,淮河航运干支衔接的现代综合交通运输网。

首先,"十四五"是全面开启交通强国建设新征程的关键时期,在现代化高质量综合立体交通网络建设的带动下,包括绿色公路在内的绿色交通廊道建设将进入快速发展阶段。为继续推进绿色公路建设,交通运输行业应及时组织开展"十四五"绿色公路建设经验总结,将有关成果纳入公路工程建设技术规范,为绿色公路建设提供技术保障。

其次,从建设管理、设计审查、过程监管、资金保障、绩效考核等角度完善绿色公路建设制度体系,为绿色公路建设提供操作性较强的政策支持与保障,变被动落实为主动作为,将绿色公路建设理念与要求落实到交通基础设施建设。

最后,以交通强国建设试点为契机,深化绿色公路建设,以高速公路改扩建、国家重大战略通道建设、生态敏感脆弱区公路建设、公路维修与养护工程为重点,打造一批绿色公路建设试点项目,开展面向交通强国建设需要的绿色公路建设政策研究与制度顶层设计,强化绿色智能化建造与维养、生态化工程构造物建设、路域生态廊道建设与交通噪声污染治理等绿色公路技术开发,推动绿色公路建设转型升级。

此外,《安徽发展纲要》指出:推动制造业转型发展和优化升级。实施新型制造工程,加快制造业向智能制造、绿色制造、精品制造、服务型制造转型。运用大数据、云计算、物联网、人工智能等技术,促进煤炭、钢铁、有色、化工、建材、家电、汽车及零部件、纺织服装、医药、食品等传统产业数字化、网络化、智能化。开展新一轮大规模技术改造专项行动、节能环保提升行动和设计能力提升行动。大力推广装配式建筑,打造现代建筑业产业集群。

在此时期,安徽省探索解决桥梁工业化建造过程中的关键技术问题,在桥梁构件工厂化生产方面已取得了一定的成果与工程实践经验。当前,安徽省高速公路建设继续处于高速发展阶段,正需要从桥梁构件生产方式、生产组织、管理模式等方面进行更进一步的探索,全面推动桥梁工业化建造的发展。

1.1.3 工业化基础

工业化建造是指通过现代化的制造、运输、安装、信息化管理的大工业生产方式,来代替传统建设中分散的、低水平的、低效率的手工业生产方式。混凝土桥梁的工业化建造可以加快现场施工速度,大大减轻对桥位环境影响和交通干扰,易于保证工程质量,且能降低桥梁生命周期成本,其技术经济优势正日益得到各国桥梁界的高度认同。自20世纪80年代起,工业化程度高的欧美国家开始进行混凝土桥梁的工业化建造,美国称之为桥梁快速施工(Accelerated Bridge Construction,ABC),或称桥梁预制单元与系统(Prefabricated Bridge Elements and Systems,PBES)。由于构件均采用预制生产,因此PBES技术能大大减少现场施工时间,且施工质量好、施工环境安全。上部结构预制构件包括:桥面板、主梁;下部预制结构包括:盖梁、桥墩、承台及桥台等。欧美等国家对PBES构件做了大量的、系统的研究,形成了成套体系,且应用在实际工程中。截至2018年,美国国家桥梁名录(NBI)数据库中已登记的桥梁共有超过63万座,检修报告显示,约有12%的桥梁拥有结构性缺陷,13%的桥梁存在功能过时问题,这意味着美国有约25%的在册桥梁需要采用桥梁快速施工技术进行复原、整修或重建。

相比于传统桥梁现浇施工(图1-1),工业化建造施工桥梁(图1-2)表现为工厂化预制、装配式施工、信息化管理,有以下明显优势:

(1)适用性好。适用于多种类型的桥梁,受跨度限制较小,除基本的简支梁与连续梁以外,还可应用于斜拉桥,很好地解决了桥梁施工中面临的超高与小半径技术难题。

(2)经济性好。资料显示,合理应用装配式技术较传统施工方法可降低造价。另外,因采取信息化管理,故施工过程和后期养护费用降低,有利于施工管理和造价控制。

(3)环境效益良好。能避免对环境及其他道路交通运行造成的影响,相比整孔预制架设的施工方法,极大地减少了施工占地。

(4)质量优异。梁部重点结构均由预制厂生产加工而成,质量有保障,且加载龄期与养护时间都较长,能减少梁体的预应力损失。

(5)施工简单、工期较短。梁体预制工艺精简,整个拼装过程均可实现机械化,具有较高的安全性。

从目前应用情况来看,混凝土桥梁工业化建造的经济和社会效益显著。

a)

b)

c)

图1-1 传统现浇混凝土桥梁施工

a)

b)

c)

图1-2 工业化建造混凝土桥梁施工

目前,安徽省已对装配式技术开展了大量的探索,成为推动该技术发展的主要省(自治区、直辖市)之一。然而,目前装配式技术创新主要集中在设计端,对生产端的创新仍有不足。本书将结合安徽地区的特点,拟依托合枞高速公路工程,研究桥梁工厂化生产与信息化管理过程中的关键技术问题,突破预制装配技术在安徽省桥梁建设中推广应用的瓶颈,提升桥梁建设的工业化和信息化水平。

本书内容对于安徽省的公路行业发展有重要意义,有助于提升公路建设质量品质、提高公路建设效率、维护公路建设的环保,同时响应国家及行业的高质量发展要求,维护"创新、协调、绿色、开放、共享"五大发展理念,推动建造方式创新,助力实现行业提档升级。

1.2 依托工程和产品

1.2.1 合枞高速公路

本书内容依托工程为合枞高速公路。合枞高速公路是交通运输部颁布的《国家公路网规划(2013—2030年)》中德州—上饶高速公路的重要组成部分,编号为"国家高速G3W"。

德州至上饶国家高速公路是北京至台北高速公路的并行线,其中德州至上饶国家高速公路安徽段(里程约580km)即安徽省规划的"五纵九横"高速公路网中"纵三"。

合枞高速地处安徽省中南部,位于东经116°47′19″—117°16′33″、北纬30°51′28″—31°53′23″之间,整体呈南北走势,分别经过肥西县、六安市金安区、舒城县、桐城市和枞阳县,地理上分别经过江淮波状平原(肥西县)、舒城冲积平原、大别山区和沿江丘陵平原(桐城市、枞阳县),自北向南与合六高速公路、合安高速公路和北沿江高速公路交叉。

根据《交通运输部办公厅关于开展交通基础设施政府与社会资本合作试点项目(第一批)的通知(交办财审函〔2015〕298号)》,合枞高速公路为PPP项目。

德州—上饶高速公路是交通运输部2020年高速公路工业化智能建造技术科技示范工程,其中合枞段为交通运输部第一批公路BIM技术应用示范项目。合枞高速公路的建设对加快皖江地区整体开发开放,带动合肥市、六安市、安庆市、铜陵市的经济和社会发展具有十分重要的意义。

1.2.2 轻型T梁

桐城预制厂位于桐城市东郊村,占地面积13.5万m^2(203亩),如图1-3所示。该工厂是专门为合枞高速公路供应轻型T梁、装配式下部结构、箱涵拱涵、先张法双T梁等预制件而建设的预制厂。其中,轻型T梁订单数量1920片,根据项目工期需求,结合后期长期规划,共设置5条生产线,每条生产线配置1套液压模板、4台移动台车,每条生产线每天可生产1片轻型T梁。

轻型T梁是面向智能生产线,对传统T梁进行优化后的新型产品。合枞高速公路轻型T梁预制结构如图1-4所示。轻型T梁整段预制,主梁间距3.58m,边、中梁截面相同;轻型T梁梁高1.605m(含5mm沥青铺装铣刨层),腹板厚0.22m,上翼缘板宽2.0m,边缘厚0.205m,承托处厚0.305m,承托底坡1:3;下翼缘板宽1.0m,边缘厚0.22m,渐变至腹板处厚0.28m。两片T梁之间留存1.58m的湿接缝。轻型T梁采用C50混凝土。

图 1-3 工厂鸟瞰图

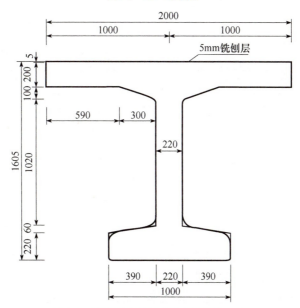

图 1-4 轻型 T 梁横断面图(尺寸单位:mm)

预应力钢绞线采用抗拉强度标准值 $f_{pk}=1860\mathrm{MPa}$,公称直径 $d=15.2\mathrm{mm}$ 的低松弛高强度钢绞线,分布为:梁底 4 根 $5\phi^s15.2\mathrm{mm}$ 的预应力钢束 N_2,梁中 1 根 $12\phi^s15.2\mathrm{mm}$ 弯起预应力钢束 N_1(图 1-5)。

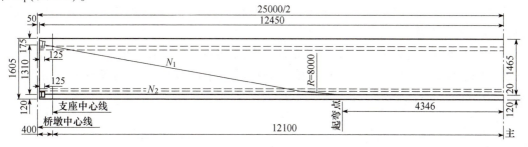

图 1-5 轻型 T 梁预应力布置图(尺寸单位:mm)

面向工厂化生产的结构设计大幅优化:

(1)采用了等厚腹板,取消端部加厚及渐变段。

取消传统 T 梁梁端的腹板加厚,采取全段腹板设置底部承托,在保证结构抗剪能力的同时减少了梁段预制所需工序,通过液压模板可一次成型。

(2)将预制混凝土横隔板改为后装钢横隔板。

25m 轻型 T 梁桥跨两端各设置一道钢横梁,采用 HN750×300×13×20 型钢,跨中设置一道钢横梁,采用 HM500×300×11×15 型钢。钢横梁与预制主梁通过预埋套筒螺栓连接形成整体。

取消传统 T 梁预制附带的混凝土横隔板,采取后装式钢制横隔板,在轻型 T 梁吊装到位后,进行钢横隔板螺栓锚固安装(图 1-6)。在保证结构横向稳定性的同时,减少了梁段预制所需工序,可以大批量统一生产。

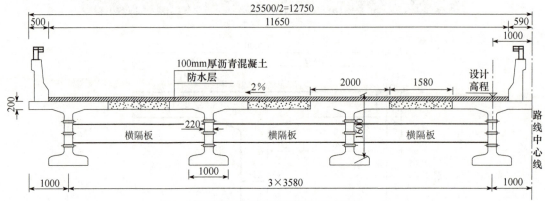

图 1-6　轻型 T 梁钢横隔板布置图(尺寸单位:mm)

1.3　本书内容

本书主要介绍了新型装配式 T 梁智能生产成套装备研发、智能生产工艺与质量控制技术与基于订单制的工厂生产信息化管理技术。

新型装配式 T 梁智能制造装备包括钢筋加工设备、混凝土输送和浇筑设备、模板、养护设备以及流水线循环装备等。本书针对 T 梁预制的质量、工艺及模块化需求进行分析,提出各类设备、装置构成的组织结构与参数需求,开展原型设计,建立成套装备体系。

采用自动化生产工艺后,工艺执行主体变为智能控制端,工序执行的方式、效率、控制的参数必然与传统工艺产生较大差别。为此本书针对钢筋加工与安装、混凝土浇筑、振捣、养护等环节的执行方式开展探讨论述,建立标准化作业流程;为最大化提升质量,对工艺参数开展优化,提出质量控制标准。

为最大化减少系统人工参与度,提升系统效率,对智能化管控技术也进行了探讨介绍。以物联网、BIM、互联网等手段,探索生产数据自动采集、工序自动衔接、数据智能分析、系统智能决策等关键技术,为自动化生产提供核心软件支撑。

第 2 章
CHAPTER 2

装配式桥梁预制智能工厂

预制装配是实现桥梁工业化建造、推动桥梁行业转型升级的关键手段。传统桥梁预制构件多在临时预制梁场中生产，其使用范围有限、利用率不高，且对土地资源影响大，因此，根据产业化发展规划，建设永久性桥梁构件预制生产工厂，已逐渐成为公路桥梁行业发展趋势。在桥梁预制工厂的基础上，基于工业 4.0 发展要求，引入信息化、智能化管理模式，建设桥梁预制智能工厂，是技术进步、产业升级的必然趋势。本章主要介绍智能工厂发展、典型工厂调研分析、智能工厂规划布置三个方面，介绍了装配式桥梁工业化建造智能工厂发展历程及建设理论。

2.1 智能工厂发展概述

2.1.1 智能工厂发展历程

智能工厂，顾名思义包含了"智能"和"工厂"两个维度的概念，是两者的有机结合。"智能"包含智慧和能力，用于主体描述时表示主体能够产生类人类的自动组织性适应性行为，能够像人一样地感知、分析、判断、思考，实现工厂智能化的关键技术一般包括信息物理技术、大数据技术、虚拟仿真技术、网络通信技术等；而"工厂"是加工制造单元的统称，现代工厂以 ISA95 和 IEC62264 为标准，采用 PCS-MES-ERP 结构模型进行产品的设计、生产、销售及服务等全寿命周期活动。

综上所述，智能工厂可以定义为：在自动化工厂基础上，通过运用信息物理技术、大数据技术、虚拟仿真技术、网络通信技术等先进技术，建立一个能够实现智能排产、智能生产协同、设备互联智能、资源智能管控、质量智能控制、支持智能决策等功能的贯穿产品原料采购、设计、生产、销售、服务等全寿命周期的高度灵活的个性化、数字化、智能化的产品与服务的生产系统。智能工厂体系架构如图 2-1 所示。

人类社会工业生产经历了四次工业革命：第一次工业革命以蒸汽机带来生产机械化为特征，第二次工业革命以使用电力带来生产电气化为特征，第三次工业革命以使用可编程控制器和 IT 技术带来生产自动化为特征，第四次工业革命则以在自动化基础上实现生产智能化为特征，即工业 4.0。工业 4.0 的核心目标是智能制造，智能制造延伸到具体的工厂层面就是智能工厂。

在新一轮工业革命中，西方发达国家从本国国情出发，纷纷制定出本国的制造业发展战略。欧盟委员会(European commission)提出工业 5.0 的三个核心要素分别为以人为中心(Humancentric)、可持续(Sustainability)以及弹性/恢复力(Resilience)。工业 5.0 是工业 4.0 的延续和补充,是建立在工业4.0概念和基础上的一种进化的、渐近的但非常有必要的价值驱动型新工业模式,除了关注生产流程优化和自动化水平提升等技术层面外,还应重点关注包括人、环境、工业弹性等社会价值层面,人类与机器和谐共处,而不必担心工作不安全或失业,从而产生增值服务并使人性回归到制造业。工业5.0将真正地把人类重新置于工业的中心,单调重复、不符合人机工程学和智力水平要求低的工作将全部由机器完成,智力水平要求较高的工作将由人机协作共同完成,人类将从事更具创造性、艺术性的工作。

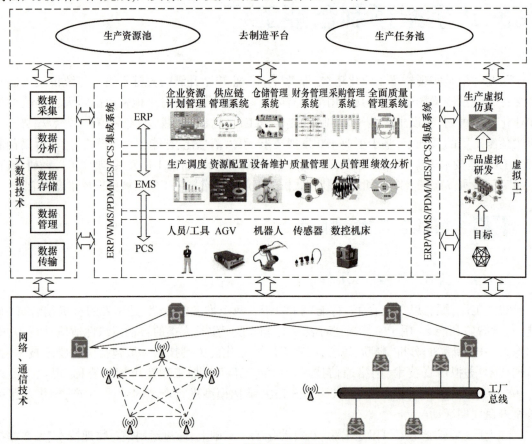

图2-1 智能工厂体系架构

在亚洲,韩国科学技术信息通信部于2019年6月发布《制造业复兴发展战略蓝图》,计划在未来10年内摆脱产业追随者形象,努力将韩国发展成为"创新先导型制造业强国",跻身世界制造业四强。到2030年,将制造业增加值比重从25%提高到30%,将制造业产值中的新兴产业和新产品比重从16%提升至30%。2020年6月,日本经济产业省发布《2020年版制造业白皮书》,表示"有必要致力于强化半导体产业的竞争力",强调稳定供应是数字社会"安全上的最重要课题"。

为解决制造业面临的问题,紧跟世界制造业发展趋势,2015年中国提出了"中国制造2025",实施制造强国战略规划,明确提出,要以新一代信息技术与制造业深度融合为主线,以推进智能制造为主攻方向,并规划了实施制造强国十年行动纲领,其中提出重点实施智能制造工程,紧密围绕重点制造领域关键环节,开展新一代信息技术与制造装备融合的集成创新和工程应用。

党的十九届五中全会提出:"坚持技术创新在我国现代化建设全局中的核心地位,把科技自立自强作为国家发展的战略支撑。"党的十九届五中全会审议通过的《中共中央关于制定国民经济和社会发展第十四个五年规划和 2035 年远景目标的建议》中提出,要将"坚持创新驱动发展,全面塑造发展新优势"作为实现制造强国的首要任务。在如今国内外环境日新月异的时代潮流下,我国制造业更加需要坚持技术创新,将创新驱动发展战略落到实处,真正实现经济社会长期可持续的发展。

对照智能工厂的概念及需求,对于桥梁领域,传统桥梁构件生产模式向智能化制造的过渡以及桥梁工业的转型升级有四大关键技术:自动化技术、数字化技术、网络化技术、智能化技术。映射到工厂层面,体现为从数字化、信息化、自动化、数字互联工厂到智能工厂的演进(图 2-2)。

图 2-2 智能工厂的演进

(1)自动化工厂(Automated Factory):加工、装配、检测、物流等环节实现了一定程度的自动化,在变化较少的情况下可以少人化生产。

(2)数字化工厂(Digital Factory):强调信息技术,尤其是工业软件在工厂的应用,如 MES(Manufacturing Execution System,制造执行系统)、APS(Advanced Planning and Scheduling,高级计划与排程)系统、SCADA(Supervisory Control and Data Acquisition,数据采集与监视控制)系统、设备管理、质量管理系统、数字化工厂仿真等,解决生产过程的工业化、生产过程追溯和按订单栋货等。

(3)数字互联工厂(Connected Factory):强调互联网技术在工厂中的应用,其目的是实现工厂在数字化支撑下的信息和数据互通。一方面是信息互通,比如通过网络互联,实现生产、财务、管理等部门管理信息互通,高效协同;另一方面是机器设备与产品数据互通,提高数据交换、处理和使用效率。

(4)智能工厂(Smart Factory):强调信息系统(IT)与自动化系统(OT)的融合,能够适应小批量、多品种的生产模式,实现混流生产,通过全自动化(大批量)或人机结合的自动化生产线,充分利用人工智能技术对质量、能耗、设备等大数据进行分析,应用机器视觉、频率调制光谱(Frequency Modulation Spectroscopy,FMS)技术。

2017 年,国务院发展研究中心发布《借鉴德国工业 4.0 推动中国制造业转型升级》的研究报告。报告指出,中国制造业整体上处于 2.0 到 3.0 过渡的阶段。中国信息化百人会与中国两化融合服务联盟计算了 2016 年中国制造信息化指数。根据测算,2016 年中国制造信息化指数为 36.9,对标工业 4.0,正处于由工业 2.0 向工业 3.0 过渡的阶段。从产业发展阶段的对比来看,德国"工业 4.0"是在成功完成"工业 1.0"到"工业 3.0"后提出的发展战略,是自然的"串联式"发展。相比之下,中国制造业走的是"工业 2.0"补课、"工业 3.0"普及、"工业 4.0"示范的"并联式"发展道路。

2.1.2 智能工厂发展前景

2.1.2.1 国家战略的要求

1)我国制造业发展现状

根据国家统计局统计数据显示,2014 年至 2021 年我国制造业增加值持续占国内生产总值(GDP)30% 左右的比重,是名副其实的国民经济支柱产业(图 2-3)。

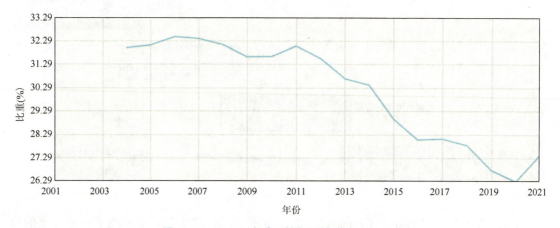

图 2-3　2004—2021 年我国制造业增加值占 GDP 比重

按照联合国工业发展组织 2019 年的相关数据,中国 22 个制造业大类行业的增加值均居世界前列,其中纺织、服装、皮革、基本金属等产业增加值占世界的比重超过 30%。在联合国全部 19 大类制造业行业中,中国有 18 个大类超越美国成为世界第一。2018 年,中国制造业增加值占全球制造业增加值的 28%,排名第一;同期美国占比为 17%,日本占比为 9%(图 2-4)。

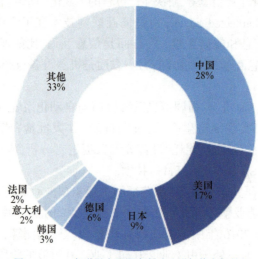

图 2-4　2018 年世界主要国家制造业增加值市场份额

在制造业的智能化发展方面,"十三五"以来,通过试点示范应用、系统解决方案供应商培育、标准体系建设等多措并举,我国制造业数字化、网络化、智能化水平显著提升,发展态势良好;智能制造供给能力不断提升,智能制造装备国内市场满足率超过50%,主营业务收入超10亿元的系统解决方案供应商达43家;智能制造支撑体系逐步完善,构建了国际先进的标准体系,发布国家标准285项,主导制定国际标准28项;培育了具有一定影响力的工业互联网平台70余个,涌现出离散型智能制造、流程型智能制造、网络协同制造、大规模个性化定制、远程运维服务等新模式新业态。

尽管取得了巨大成就,但我国制造业发展仍存在一些问题亟待解决。

(1) 产业结构不合理

从生产角度来看,我国制造业产业结构的不合理表现为低水平下的结构性、地区性生产过剩,又表现为企业生产的高消耗、高成本;从组织角度来看,目前我国各类产业普遍分散程度较高、集中程度较低;从技术角度来看,在基础原材料、重大装备制造和关键核心技术等方面,与世界先进水平还存在较大差距。具体而言,许多重要产业对外技术依存度高,自主开发能力弱,许多核心技术受制于人,难以适应激烈的国际竞争;不少行业产能严重过剩,2020年全国工业产能利用率为74.5%,比2019年下降2.1个百分点,一些规模行业集中度不高,一些产品质量低下。

(2) 产品附加价值不高

一直以来,我国企业大都采用贴牌生产方式,处于全球价值链的中低端,产品设计、关键零部件和工艺装备主要依赖进口。中国消费品制造业多为劳动密集型,产生附加值低。中国消费品制造业企业以加工组装等劳动密集型产业为主,位于全球产业分工价值链的低谷。在开发与设计、品牌营销等方面缺乏经验,同时缺乏核心生产工艺和生产线服务的专业能力。

(3) 能源消耗大,污染严重

我国是世界第一制造大国,2020年数据显示,工业产值占国内生产总值的39%左右,是能源消耗及温室气体排放的主要原因。工业能耗占全社会总能耗的70%以上,单位产品能耗远高于国际先进水平,单位产值伴随的污染物排放量远远高于发达国家的水平。

在世界产业的分工链条中,属于中国的环节是制造业,这本身就是一个对自然资源需求量极大的产业,再加上利用效率低,导致在经济发展过程中自然资源的消耗过快。国际初级产品市场价格的不断上涨给我国以低成本取胜的制造业市场带来了越来越大的压力。

2) 我国制造业发展面临的挑战

(1) 科技革命催生了新的发展机遇

随着全球新一轮科技革命(图2-5)和产业变革深入发展,新一代信息技术、生物技术、新材料技术、新能源技术等不断突破,并与先进制造技术加速融合,为制造业高端化、智能化、绿色化发展提供了历史机遇。

在信息科技领域,以芯片和元器件、计算能力、通信技术为核心的新一代信息技术正处于重要突破关口。生命科学领域,基因组学、合成生物学、脑科学、干细胞等领域的突破性进展正全面提升人类对生命的认知、调控和改造能力。尤其是人工智能快速进步和广泛渗透,极大地加速了相关学科领域的发展。

（2）国际环境日趋复杂，科技与产业竞争更趋激烈

大国战略博弈进一步聚焦制造业，美国"先进制造业领导力战略"、德国"国家工业战略2030"、日本"社会5.0"和欧盟"工业5.0"等以重振制造业为核心的发展战略（表2-1），均以智能制造为主要抓手，力图抢占全球制造业新一轮竞争制高点。

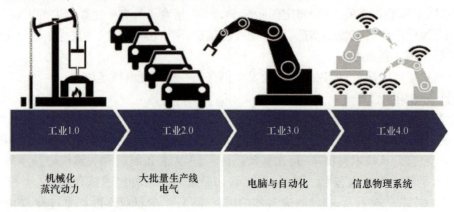

图 2-5　科技革命

各国制造业战略竞争　　　　　　　　　　　　　　　　　表 2-1

国家战略	主要内容
中国制造 2025	三个阶段、五大工程、十大领域
德国工业 4.0	建立一个物联网、互联网和服务化的智能系统框架
英国制造 2050	推进制造与服务融合，提升高技术工人数量
美国制造业	将 ICT 和制造业的基础研究与创新转化为成果，保持美国制造业价值链上的高端位置和全球控制者地位
韩国创新 3.0	提出"制造界创新 3.0 策略"，协助中小企业建立智慧化与优化生产程序
日本制造白皮书	2013 年版发展机器人、新能源汽车、3D 打印、再生医学；2015 年版强调积极发挥 IT 作用；2022 年版强化半导体产业竞争力为重点

（3）劳动力短缺，用工成本增加

长期来看，中国正步入老龄化社会，劳动人口比例稳定下降，相应的劳动力供给将会减少。2018 年中国首次出现就业人口总数下降情况（图2-6）。另外，2015 年以来，中国制造业城镇单位就业人数持续下降（图2-7），而且变化率明显低于城镇单位就业人数整体变化率，说明总体上劳动力在流出制造业，制造业劳动力供给压力进一步增大。

无论是在整个就业市场还是在制造业，中国的城镇职工年平均工资整体呈现上升趋势，其中 2018 年的制造业职工年平均工资相比 10 年前增长了 195%（图2-8）。中国制造业劳动力成本在全球市场竞争优势减弱。虽然中国的劳动力成本仍远低于美国等发达国家，但是逐年上升的劳动力成本正使更多的制造业订单流向越南等用工成本更低的发展中国家（图2-9）。中国的劳动密集型制造业在全球市场面临更严峻的竞争。

图2-6 2008—2018年中国就业总数和劳动力人口比例(数据来源:国家统计局)

图2-7 2015—2018年中国城镇单位就业人数变化率(数据来源:国家统计局)

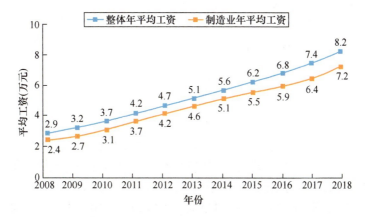

图2-8 2008—2018年中国城镇单位就业人员年平均工资(数据来源:国家统计局)

图2-9　美国、中国、墨西哥、越南制造业劳动力成本

(4) 资源环境要素约束趋紧

中国经济在经过三十多年的持续高速增长后,开始进入增速换挡期。随着经济增速放缓,资源环境压力有所缓和,但污染物排放仍居高位、能源资源利用效率仍然较低。

我国环境承载力仍处于严重超载阶段。以大气污染物为例,按照环境空气质量二级标准测算的全国 SO_2、NO_x 最大允许排放量(即全国333个地级城市PM2.5年均浓度全部达标情景下的大气环境容量)分别为1363万t和1258万t。环保部数据显示,2011—2020年,我国 SO_2 排放量呈波动递减趋势变化,而2014年这两项污染物的排放总量分别超过环境容量的45%和65%。2020年全国 SO_2 排放量达318.2万t,2021年全国二氧化硫排放量约为229万t。如图2-10所示。

图2-10　我国2011—2021年二氧化硫排放变化情况

2011—2020年,我国氮氧化物排放量呈现波动下降的趋势。其中,2015年相比,2020年氮氧化物排放量下降了45.15%,已超额完成《打赢蓝天保卫战三年行动计划》下降15%的目标。根据国家统计局数据显示,2021年我国氮氧化物排放量共计973万t。

2011—2020年,我国烟(粉)尘排放量呈波动下降趋势。2014年,全国烟(粉)尘排放量由负增长转为正增长,增长幅度达43.36%,排放为1740.8万t。2015—2017年,我国烟(粉)尘排放量呈下降趋势,2017年为796.3万t,同比下降21.2%。2018年6月,《打赢蓝天保卫战三年行动计划》出台,计划到 2020 年大幅减少主要大气污染物排放总量,协同减少温室气体排放,进一步明显降低细颗粒物(PM2.5)浓度。据《国务院 2020 年度环境状况和环境保护目标完成情况、研究处理土壤污染防治法执法检查报告及审议意见情况、依法打好污染防治攻坚战工作情况的报告》,全国地级及以上城市细颗粒物(PM2.5)年均浓度为 33μg/m³,同比下降 8.3%;空气质量优良天数比率为 87%,同比提高 5 个百分点。随着环保相关政策的不断推进,2018—2020 年我国烟(粉)尘排放量持续下降,到 2020 年约降至 611 万 t。

图 2-11 我国 2011—2021 年氮氧化物排放变化情况

图 2-12 我国 2011—2021 年中国烟粉尘排放量变化情况

我国资源能源消耗量大和利用效率不高的总体形势短期内仍将持续。能源消耗和二氧化碳排放总量分别从 1990 年的 9.9 亿 t 和 22.9 亿 t 上升到 2014 年的 42.6 亿 t 和 99.3 亿 t,均增长了 3.3 倍。2021 年,中国 GDP 约占全球比重达 18.5%,中国能源消费量为 157.65 艾焦(EJ),同比增长 7.1%,占全球能源总消费量的 26.5%。能源消费量排名前十的国家分别为:中国、美国、印度、俄罗斯、日本、加拿大、德国、韩国、巴西和伊朗。

3) 我国制造业发展趋势与方向

综上所述,我国制造业在取得了巨大成就的同时,也存在着诸多亟待解决的问题,面临着当今世界的复杂环境和态势带来的新机遇、新挑战,有必要通过先进科学技术赋能制造发展,具体如下。

(1) 核心关键技术

加强关键核心技术攻关,聚焦设计、生产、管理、服务等制造全过程,突破设计仿真、混合建模等基础技术,开发应用增材制造、超精密加工等先进工艺技术,攻克智能感知、高性能控制、人机协作、精益管控、供应链协同等共性技术,研发人工智能、第五代移动通信技术(5G)、大数据边缘计算等在工业领域的适用性技术。

(2) 集成技术

面向装备、单元、车间、工厂等制造载体,构建制造装备、生产过程相关数据字典和信息模型,开发生产过程通用数据集成和跨平台、跨领域业务互联技术。面向产业链供应链,开发跨企业多源信息交互和全链条协同优化技术。面向制造全过程,突破智能制造系统规划设计、建模仿真、分析优化等技术。

(3) 智能工厂

加快新一代信息技术与制造全过程、全要素深度融合,推进制造技术突破、工艺创新和业务流程再造,实现泛在感知数据贯通、集成互联、人机协作和分析优化,建设数字化网络化智能化示范工厂。推动数字孪生、人工智能、5G、区块链、VR、AR、边缘计算等新技术在典型场景、环节、层面的应用,探索形成一批"数字孪生+""人工智能+""XR+"等智能场景。覆盖加工、装配、检测、物流等环节,开展工艺改进和革新,推动设备联网和生产环节数字化连接,打造一批智能车间,实现生产数据贯通化、制造柔性化和管理智能化。

(4) 数字化网络化

针对装备制造、电子信息、原材料、消费品等领域细分行业特点和痛点,制定智能制造实施路线图,分步骤、分阶段推进数字化、网络化改造。支持有条件、有基础的企业加大技术改造投入,持续推动工艺革新、装备升级和生产过程智能化。实施中小企业数字化赋能专项行动,着力提升中小企业数字化网络化发展水平。建设行业转型促进机构,加快数据、标准和解决方案深化应用。组织开展经验交流、供需对接活动,总结推广智能制造新技术、新装备和新模式。

(5) 智能制造装备

针对感知、控制、决策、执行等环节的短板弱项,加强用产学研联合创新,突破一批"卡脖子"基础零部件和装置。推动先进工艺、信息技术与制造装备深度融合,通过智能车间工厂建设,带动通用、专用智能制造装备加速研制和迭代升级。推动数字孪生、人工智能等新技术创新应用,研制一批国际先进的新型智能制造装备。

(6) 标准化工作

持续优化标准顶层设计,统筹推进国家智能制造标准体系和行业应用标准体系建设。加快基础共性和关键技术标准制修订,在智能装备、智能工厂等方面推动形成国家标准、行业标准、团体标准、企业标准相互协调、互为补充的标准群。加快标准的贯彻执行,支持企业依托标准开展智能车间/工厂建设积极参与国际标准化工作,推动技术就绪度高的国家标准与国际标准同步发展。

2.1.2.2 公路建设的需求

1) 我国公路建设发展现状

十三五期间,我国累计完成交通固定资产投资16万亿元,到十三五期末,公路通车里程大约510万km,其中高速公路15.5万km。高速公路通车里程也是居世界第一位,覆盖了98.6%的20万人口以上的城市和地级行政中心。五年间,农村公路加快发展,到2020年底,新建、改建农村公路140万km(图2-13)。

图2-13 2015—2020年中国公路总里程及公路密度

从高速公路来看,我国自20世纪80年代开始高速公路的修建,全国高速公路规模发展迅速。2015—2020年中国高速公路新增及累计里程情况如图2-14所示。

图2-14 2015—2020年中国高速公路新增及累计里程情况

从农村公路来看,2015—2019年,我国农村公路建设里程大致呈现增长态势。截至2019年末,我国农村公路里程420.05万km,较2015年增长21.99万km。其中,县道里程58.03万km,乡道里程119.82万km,村道里程242.20万km(图2-15)。

2021年3月,交通运输部网站发布《农村公路中长期发展纲要》提出,到2035年,我国将形成"规模结构合理、设施品质优良、治理规范有效、运输服务优质"的农村公路交通运输体系,农村公路总里程将超500万km。

从规模上看,2015年,我国公路总里程为457.73万km,到"十三五"期末,公路通车里程大约510万km。由此算出2015—2020年的年均复合增速约为2.2%。以2%的复合增速来计算,到2026年,全国公路总里程约为574万km(图2-16)。

图 2-15　2015—2019 年中国农村公路里程及增长情况

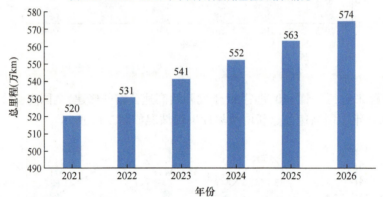

图 2-16　2021—2026 年中国公路总里程预测

注：根据《2021 年全国收费公路统计公报》，截至 2021 年底，我国公路总里程已达 528.07 万 km。

2）我国公路建设存在的问题

（1）高消耗

公路建设与养护每年消耗砂石等材料 30 亿 ~40 亿 t，其中优质集料 10 亿 t；每生产 1t 热拌沥青混合料，需消耗 7 ~9kg 燃料油（图 2-17）。整个建筑业能源消费总量统计如图 2-17 所示。

图 2-17　建筑业能源消费总量

(2)高排放

仅建筑垃圾年排放就达20多亿t,为整个城市固体废弃物总量的40%(图2-18),建筑碳排放更是逐年快速增长(图2-19),工程建设每年产生的碳排放主要来源于钢铁、水泥、玻璃等建筑材料的生产和运输,以及现场施工过程。

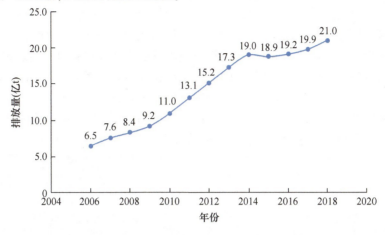

图2-18　全国建筑垃圾排放量

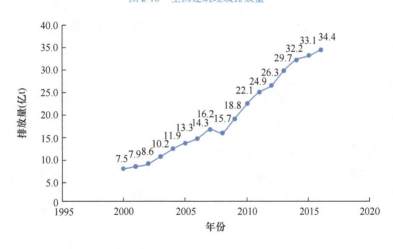

图2-19　建筑业碳排放量

(3)低效率

根据住建部相关数据统计,我国建筑劳动生产率仅是发达国家的2/3左右,建筑业的机械化信息化智能化程度还不高。相关研究表明,劳动生产率的提高主要取决于技术和规模两方面的提高,而目前我国建筑业经济增长主要依靠资本投入的增长,科技进步贡献率则处于相对较低的水平,仅为13.15%,低于电信、邮政、畜牧业、农业和工业,与国外建筑业的科技进步贡献率也存在着较大的差距。表明我国建筑业科学技术应用水平较低,而现在各行业(包括建筑业)劳动生产率的提高已较大依赖于科技进步及新科学技术的应用,特别是我国建筑业信息化水平与发达国家存在较大的差距,信息化水平的提高将使劳动生产效率大幅度提高。我国建筑业技术水平的提高更大程度上有赖于建立良好的技术推广体制,而不仅仅是研发技术本身。信息化作为现代建筑业形成有效管理的平台,已成为建筑业发展的必然趋势,企业应加快建立适应现代建筑业管理的信息化系统。

(4)低品质

改革开放以来,我国交通基础设施建设取得了举世瞩目的成就,成为名副其实的交通大国。但是在公路工程建设快速发展的过程中,工程品质低这一问题已越来越不容忽视。现阶段我国公路工程质量耐久性、绿色环保水平不高,质量提升的基础较为薄弱,工程科技和装备水平、精细化管理水平还需要奋起直追,工程质量治理能力还需要提升,建设管理仍显粗放,施工队伍整体素质仍然不高。大量已建成的公路工程存在着施工误差大、施工质量差、施工缺陷多等问题,出现了混凝土浇筑质量差、预应力钢筋位置偏差、压浆不饱满、沉降缝或变形缝不按图纸施工、支座安装质量缺陷多、小型预制构件粗糙等质量通病,严重影响了已建成结构的安全性和耐久性,对公路工程建设的可持续发展造成了损害,如图2-20所示。

图 2-20 质量通病

3)我国公路建设发展趋势与方向

随着我国的社会主义建设进入新时代,交通的发展也将进入新阶段。《交通强国建设纲要》明确了我国交通发展的指导思想:构建安全、便捷、高效、绿色、经济的现代化综合交通体系,打造一流设施、一流技术、一流管理、一流服务,建成人民满意、保障有力、世界前列的交通强国。未来一段时期,交通基础设施建设将如火如荼、蓬勃发展。《国家综合立体交通网规划纲要》提出,2035年我国交通基础设施绿色化建设比例要达到95%。

推进装配式桥梁建设,是落实绿色发展理念,实现工程管理人本化、专业化、标准化、信息化、精细化的重要抓手,可以有效提升桥梁的建设品质,提高结构安全耐久性,降低全寿命周期成本。

《交通强国建设纲要》强调,要坚持绿色发展,促进资源节约集约利用,要把生态环境保护理念贯穿到交通基础设施规划、建设、运营和养护的全过程。在桥梁建设中,推广应用装配式建造模式,对节能减排、绿色环保,对减轻桥梁在建造、使用、拆除的全寿命周期内的环境资源压力,意义非常重大,桥梁的装配式建造也已越来越成为全社会的共识。在推进交通强国战略的进程中,装配式桥梁大有可为。

《住房和城乡建设部等部门关于推动智能建造与建筑工业化协同发展的指导意见》(建市〔2020〕60号)也提出了相关重点任务:

(1) 加快桥梁工业化升级

大力发展装配式桥梁,推动建立以标准部品为基础的专业化、规模化、信息化生产体系。加快推动新一代信息技术与桥梁工业化技术协同发展,在建造全过程加大建筑信息模型(BIM)、互联网、物联网、大数据、云计算、移动通信、人工智能、区块链等新技术的集成与创新应用。大力推进先进制造设备、智能设备及智慧工地相关装备的研发、制造和推广应用,提升各类施工机具的性能和效率,提高机械化施工程度。加快传感器、高速移动通信、无线射频、近场通信及二维码识别等建筑物联网技术应用,提升数据资源利用水平和信息服务能力。加快打造桥梁产业互联网平台,推广应用预制混凝土构件智能生产线。

(2) 加强技术创新

加强技术攻关,推动智能建造和桥梁工业化基础共性技术和关键核心技术研发、转移扩散和商业化应用,加快突破部品部件现代工艺制造、智能控制和优化、新型传感感知、工程质量检测监测、数据采集与分析、故障诊断与维护、专用软件等一批核心技术。探索具备人机协调、自然交互、自主学习功能的建筑机器人批量应用。研发自主知识产权的系统性软件与数据平台、集成建造平台。推进工业互联网平台在建筑领域的融合应用,建设桥梁产业互联网平台,开发面向桥梁领域的应用程序。

(3) 提升信息化水平

推进数字化设计体系建设,统筹建筑结构、机电设备、部品部件、装配施工、装饰装修,推行一体化集成设计。积极应用自主可控的BIM技术,加快构建数字设计基础平台和集成系统,实现设计、工艺、制造协同。加快部品部件生产数字化、智能化升级,推广应用数字化技术、系统集成技术、智能化装备和建筑机器人,实现少人甚至无人工厂。加快人机智能交互、智能物流管理、增材制造等技术和智能装备的应用。以钢筋制作安装、模具安拆、混凝土浇筑、钢构件下料焊接等工厂生产关键工艺环节为重点,推进工艺流程数字化和建筑机器人应用。以企业资源计划(ERP)平台为基础,进一步推动向生产管理子系统的延伸,实现工厂生产的信息化管理。推动在材料配送、钢筋加工、喷涂、铺贴地砖、安装隔墙板、高空焊接等现场施工环节,加强建筑机器人和智能控制造楼机等一体化施工设备的应用。

(4) 积极推行绿色建造

实行工程建设项目全寿命周期内的绿色建造,以节约资源、保护环境为核心,通过智能建造与桥梁工业化协同发展,提高资源利用效率,减少建筑垃圾的产生,大幅降低能耗、物耗和水耗水平。推动建立建筑业绿色供应链,推行循环生产方式,提高建筑垃圾的综合利用水平。加大先进节能环保技术、工艺和装备的研发力度,提高能效水平,加快淘汰落后装备设备和技术,促进建筑业绿色改造升级。

2.1.3 现代智能工厂特征

2.1.3.1 向半永久或永久预制基地方向发展

传统的临时预制梁场往往服务于单个具体工程,生产的预制构件适用范围有限,利用率不高,且传统预制厂存在建设后复耕的问题,对土地资源影响大。现阶段建设的预制工厂逐渐开始表现出从传统服务于单个具体工程的临时预制梁场,向面向市场的半永久或永久预制基地方向发展的趋势,通过引入自动化、流水化生产线,提高公路桥梁构件预制生产的工业化水平(图2-21)。

a)　　　　　　　　　　　　b)

图2-21　传统临时预制梁场向半永久或永久预制基地方向发展

2.1.3.2 应用自动化、智能化设备

应用自动化和智能化技术对预制构件生产设备进行改造,可以提升设备效率,降低预制构件工厂的人工需求,提升预制构件的生产质量。未来可将数控技术应用在钢筋加工、机械手布模和布筋、自动化混凝土搅拌和浇筑、自动化构件堆放等场合。

2.1.3.3 信息化技术在供应及制造环节的全面应用

建立大数据分析、企业资源管理、制造执行系统、过程控制系统、基础自动化的预制构件生产工厂的信息构架,构建预制构件制造的"互联网+"及"BIM"系统。通过上述系统的建立,实现预制构件生产的商务决策、资源配置、工厂管理和数据采集等功能,形成智能化预制构件工厂的智能生产。

2.1.3.4 预制构件全寿命周期管理

运用二维码、RFID等物流技术,对预制构件的设计、制造、堆放、运输、安装等环节进行全寿命周期的追踪与管理,还可以使用新兴的区块链技术对预制构件物流交易的真实性进行控制,通过对预制构件进行全寿命周期的管理,可以实现预制构件质量的全过程追溯。

2.2 典型工厂的调研分析

2.2.1 市政工程构件工厂

市政工程构件主要是各种外墙、楼梯、挂板、道砖、护栏等,结构具有小型化特征,预制较为便利,其采用的生产线及装备对桥梁工程具有参考及借鉴的意义。目前市政工程预制方式较为统一,采用自动化设备程度较高。

1)安徽某建筑工业有限公司

该公司属于从事装配式建筑产品的研发、设计、生产与施工业务的专业公司,位于合肥市经济技术开发区,拥有目前国内最大、占地 284 亩(1 亩 ≈666.67m²,下同)的现代化工业厂房,设计年产预制混凝土构件 50 万 m³。另设有安徽省宿州市生产基地,占地约 270 亩,产能达到 40 万 m³ 的混凝土构件。主要产品包括:各类建筑预制板材、桥梁、隧道、涵管、地下管廊等预制产品(图 2-22)。

a)拌和站

b)预制区

c)钢筋加工区

d)全封闭厂房

图 2-22 安徽某建筑工业有限公司施工现场

2)上海某工业发展有限公司

该公司以住宅工业化为基础,以制造智能型、智慧化、绿色住宅为目标,致力于打造一个涵盖房地产开发、深化设计、模具设计与加工、构件生产、工程施工、BIM 信息化管理全产业链的国内领先企业。

该公司有两个预制混凝土构件生产基地,其中奉贤临港工业园区基地年产 10 万 m³,青浦练塘基地年产 3 万 m³。现自有与租赁堆场共计 5 万 m²,可堆载各类预制构件 3 万 m³。主要产品:预制柱、预制外墙、预制内剪力墙、预制楼梯、预制夹芯保温墙板、外挂墙板、叠合阳台、叠合板、叠合梁等(图 2-23)。

图 2-23　上海某工业发展有限公司施工现场

2.2.2　桥梁工程构件工厂

1)徐州某桥梁工业化有限公司

(1)基本情况

该公司总投资约 8 亿元,设计建设全封闭节能环保型智能化生产车间,总建筑面积约 20 万 m²(图 2-24)。公司主要生产装配式桥梁所需的各类预制构件,包括小箱梁、立柱、盖梁、T 梁、双 T 梁、建筑混凝土预制件(Precast Concrete,PC)、预制防撞墙、隔离墩、人行道侧平石等,产品应用于城市高架、快速交通、桥梁道路、地下综合管廊等工程,设计年产 40 万 m³ 混凝土构件,总产值约 18.8 亿元。

生产线使用环形单轨轨道,配置 8 台大容量送料车不间断送料,送料车集中调度和控制,自动与搅拌站和布料机通信实现取料和卸料;产线配置 16 台大容量高速龙门式布料机,布料机容量 6m³,同时带有升降功能,能满足布模高度在 3~4m 之间构件的浇筑,适应性强,应用范围广;采用 60m/min 高速龙门架,极大地提高了布料机取料和布料的速度(图 2-25)。

a)

b)

图 2-24　徐州某桥梁工业化有限公司施工现场

a) 数控钢筋加工设备

b) 钢筋锯切设备

c) 箱梁模板

d) 蒸养棚

e) 送料车

f) 布料机

图 2-25　徐州某桥梁工业化有限公司施工现场

钢筋加工采用智能化钢筋加工生产线,同时布置意大利钢筋自动剪切设备及数控钢筋弯箍机,实现集钢筋喂送、长度测量、剪切、分类优化收集,向后续弯曲工位输送原料等功能。

小箱梁采用固定式台座模式,设置液压模板系统,单条线纵向布置两个台座,蒸养棚下设轨道可纵向移动,兼顾两个台座交替蒸养。

2)广州市某智慧梁厂

该智慧梁厂依托南中高速公路建设项目,根据项目需求,梁厂设置了环形生产线与常规生产线。环形生产线生产工艺即流水线生产,采用自行式台车在各个工位间行走,完成所需工序。从台车横移区→浇筑作业区→蒸养区→张拉区→台车横移区→移动台车专用回路复位,形成一个环形循环的生产线,如图2-26所示。定制搅拌机主要给环形生产线所采用的鱼雷罐供应混凝土。常规生产线则采用混凝土罐车运输、采用料斗进行浇筑作业,但保留了移动式模台、液压模板系统及蒸养设备。

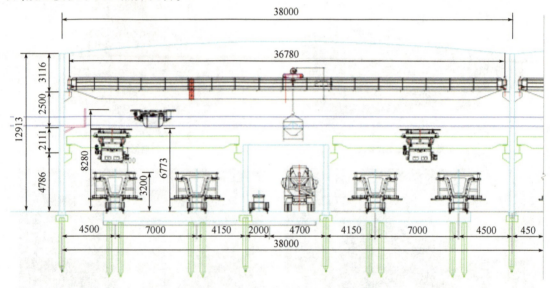

图2-26 广州市某智慧梁厂环形生产线(尺寸单位:mm)

3)成都某城建科技有限公司

该公司以经营装配式桥梁、隧道、综合管廊以及城市铺装产品为主。由于公司定位为多类型构件通用预制生产基地,故以灵活、模块化、通用为主,采用了移动式模台方式,未设置自动浇筑、蒸养等设施。

生产过程如图2-27所示。

4)南通某路桥工程有限公司

该公司依托阜溧高速公路建设项目,主要生产预制小箱梁、立柱及盖梁等结构构件。钢筋加工采用智能化钢筋加工生产线,小箱梁采用移动式台座模式,设置液压模板系统,单条线纵向由浇筑工位、蒸养工位(同时存储两片梁)、张拉工位组成,每两条线中间设置一道台座返回轨道,台座返回采用起重设备起吊横移。14个台座,蒸养时间为2~3日/片梁,14条线生产梁片数约为7片/日。生产线如图2-28所示。

第2章 装配式桥梁预制智能工厂

a) 钢筋安装

b) 混凝土浇筑

c) 箱梁吊拉

d) 预应力张拉

图 2-27 成都某梁厂生产过程

a) 布料机

b) 送料轨道

c) 钢筋安装

d) 预制构件脱模

图 2-28

e) 蒸养棚　　　　　　　　　　　f) 构件吊运

图 2-28　南通某预制厂生产线

5) 兴化某预制厂

该预制梁厂为阜溧高速供应预制构件,主要产品为小箱梁、立柱及盖梁等。钢筋加工采用智能化钢筋加工生产线,小箱梁采用固定式台座模式,设置液压模板系统。共设置 3×4 条生产线,单个线上有 2 套模板、8 个台座,无蒸养设备,故存梁周期为 7 日,每条线生产梁片数约为 1 片/d。生产线如图 2-29 所示。

a) 钢筋加工生产线　　　　　　　　b) 液压模板

c) 预制构件产品　　　　　　　　d) 小箱梁转运

图 2-29　兴化某预制厂生产线

6) 上海江川路某预制基地

上海江川路某预制基地占地约 115 亩，场地主要包括预制生产区、钢筋加工中心、混凝土拌和站、办公生活区等。主要生产小箱梁，由于桥梁整体预制量较少，生产压力小，预制仍采用固定台座生产模式，在生产模式上尚未做相关改进。

生产区域共设置 4 条生产线，由东向西依次为 1~4 号生产线，其中 1 号、2 号生产线为跨径 40m 的小箱梁生产线，3 号生产线为标准盖梁生产线，4 号生产线为立柱和非标准盖梁综合生产线，4 条线综合产能 10 万 m^3/年。预制基地布置如图 2-30 所示。

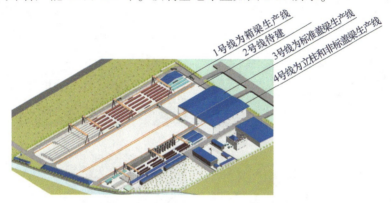

图 2-30　上海江川路某预制基地布置图

混凝土拌和站规划设置两条生产线，配置 $3m^3$ 立轴行星式搅拌机，设置 150t 的水泥筒仓、150t 粉煤灰筒仓、50t 硅粉筒仓、砂石分离机及压滤设备和自动化生产管理系统，预计混凝土每日最大生产量为 $800m^3$，搅拌楼、生产线、砂石料仓均采用全封闭防尘罩。

钢筋加工中心规划为南北向 72m、东西向 77.55m 双跨钢结构厂房，约 $5800m^2$。分两期建设，一期已建设完成 4 号生产线（西侧）对应钢筋棚，单跨 38.775m×72m，约 $2792m^2$，檐口高度 17.5m，配置一台 18t 门式起重机。

1 号生产线现具有 2 台 120t 门式起重机，2 台 25t 门式起重机，14 条 36m 底模，3 套底腹板钢筋笼胎架以及 2 套顶板钢筋笼胎架。3 号生产线现具备 2 台 150t 门式起重机，2 台 35t 门式起重机，10 套盖梁底模，3 套钢筋笼胎架。4 号生产线现有 2 台 180t 门式起重机，1 台 35t 门式起重机，1 台 25t 门式起重机，3 个立柱胎架及 1 个盖梁胎架。

小箱梁生产工艺如图 2-31 所示。

7) 浙江某科技股份有限公司

该公司有两个装配式桥梁生产基地，共占地 352 亩，主要生产大、中、小型混凝土部品（件），年最大产能约 34.4 万 m^3。

公司经营范围包括建筑工业化研发、设计、咨询和技术服务，以及预制构件生产、运输、安装、建材生产、销售和公路工程、市政公用工程、建筑工程的承包施工及钢结构工程设计、运营维护、工程咨询、建设工程检测服务等；产品种类包括大型桥梁、PC 建筑部品（件）、地下综合管廊、盾构管片、海绵城市等，为装配式建筑产业提供方案设计、智能生产、运输管理、装配安装等智能生产全流程解决方案。

营盘基厂区占地面积 140 亩，主要生产桥梁预制构件、下穿隧道、预制管廊构件、PC 构件等。包括 8 个制梁模台、钢筋加工车间、搅拌站、料仓、存梁区、码头等,有 2 台 250t 门式起重机,4 台 30t 桥式起重机,1 台 25t 门式起重机,1 台 10t 门式起重机。配套码头工程建设规模为 1000t 级重件泊位,码头轨道梁总长 415.938m,共 52 跨,跨度均为 8m,其中 1 号栈桥 198.314m,共 25 跨,2 号栈桥 217.624m,共 27 跨。栈桥净间距 31m。

a) 钢筋笼安装   b) 端模安装

c) 混凝土浇筑   d) 抹面

e) 模板拆除   f) 喷淋养护

图 2-31 小箱梁生产工艺

仁前途厂区占地约 212 亩,为温州交通城建工业化基地项目 PC 构件生产厂区,共设计有 5 条 PC 构件生产线、1 条混凝土砌块构件生产线、2 条钢筋生产线及搅拌站、成品堆场、原材料仓库、气化站、锅炉房、变配电室等辅助设施。

营盘基厂区已基本完成厂区建设任务进入节段梁预制生产阶段,仁前途厂区已进入制砖生产线安装调试阶段。本项目规划采用固定台座生产,以移动蒸养棚开展蒸养。图 2-32 为浙江某科技公司厂区布置、生产线及建设情况。

a) 预制厂建设

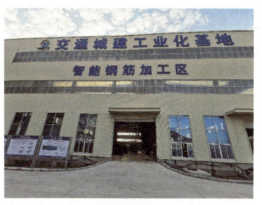

b) 智能钢筋加工区

c) 钢筋生产线

d) 钢筋加工设备

e) 模板安装

f) 构件产品——节段梁

图 2-32　浙江某科技公司厂区布置、生产线及建设情况

8）浙江义东高速公路预制厂

该预制梁厂为浙江义东高速供应预制构件,生产产品主要为中箱梁(图2-33)。义东项目加强型中箱梁预制数量为1781片,预制的加强型中箱梁长29.1m,梁高1.85m,梁宽3.25m。为确保加强型中箱梁预制的整体质量满足要求,义东项目梁板预制厂实现了从"野外露天现场施工"到"全封闭工厂化施工"的转变,预制厂采用全封闭钢结构大棚,集工厂化、机械化、智能化、信息化、全天候一体化于一身,实现全天候预制生产功能,拌和站和试验室实现物联网数据自动采集,梁板底座和侧模面板全部采用不锈钢模板。本项目采用固定台座,模板未采用液压模板体系,尚未引入蒸养措施。

a)

b)

图2-33 中箱梁预制厂

2.2.3 技术现状分析

2.2.3.1 生产线及自动化

调研分析表明,市政工程构件预制工厂由于构件小型化、轻量化,标准化程度较高,装备开发及设备集成难度相对较小,可利用养护窑进行集中蒸养,场地占用较小,便于布置多条生产线,生产线及配套装备灵活、易组织,工厂生产便利性较好。

然而,桥梁工程构件由于尺寸大、重量重,生产体量较大,自动化生产线布置及装备集成困难,预制生产的自动化程度相对较低。以传统的装配式小箱梁预制生产为例,由于存在横隔板构造,以及顶底板及腹板厚度沿构件纵向存在变化,造成其构造及尺寸较为复杂,模板碎片化严重,模板安装与拆除不便,难以满足工厂化、自动化生产要求,生产难度相对较高。同时由于采用闭口式断面,需预留芯模组装、安拆空间,场地占用大,若要实现外模全自动拆除,则横向空间要求更大。此外,箱梁存在隔热内腔,造成内部蒸养效率低,一般需要蒸汽养护(蒸养)24h后静停养护12~24h方可进行预应力张拉。上述特点都给传统公路桥梁混凝土构件工厂预制的自动化发展带来了不便。为此,部分预制工厂(例如上海江川路某预制基地)基于传统预制模式,在箱梁构造、模板体系上开展优化,以减小工厂预制难度,但仍难以解决自动化程度不高的问题(图2-34)。

a)　　　　　　　　　　　　　　　　b)

图 2-34　小箱梁预制生产

为解决桥梁工程构件预制工厂由于构件体量大、标准化程度低带来的生产组织、装备集成难题，本项目在传统装配式 T 梁的基础上，通过结构创新、设计优化，充分从轻量化理念出发，提出了腹板等厚、横隔板后装的新型装配式 T 梁结构，具有生产难度小、场地占用少的特点，通过整体式液压模板的铰式开合实现全自动化模板安拆，与小箱梁相比由于没有内腔，无须预留芯模组装、安拆空间。同时，采用后装横隔板的形式，减小脱模空间要求，横向面积需求小。此外，由于只用一个腹板，因此蒸养效率较高，蒸养 24h 即可进行预应力张拉。

大型装配式 T 梁预制生产如图 2-35 所示。

 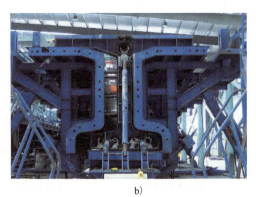

a)　　　　　　　　　　　　　　　　b)

图 2-35　大型装配式 T 梁预制生产

本项目新型装配式 T 梁的结构优化极大便利了预应力混凝土装配式 T 梁工厂预制的模板安拆等环节，同时降低了构件运输和吊装难度，实现了公路桥梁预制构件的工厂化、自动化、流水化生产，可以大大提高公路桥梁预制化率和桥梁构件的工业化生产水平。在此基础上，充分探索公路桥梁混凝土构件工厂预制信息化、智能化新技术，可以使预制结构的质量、耐久性能及施工效率得到显著提高。

2.2.3.2　主要生产装备

对桥梁预制工厂的装备集成及应用情况进行统计，制造装备、自动运输及布料装备逐步应用于装配式桥梁预制工厂。据统计，采用"筒式送料机 + 自动布料机系统"的工厂占 50%；

50%工厂采用了液压模板系统,其中移动生产线必备液压模板系统,见表2-2。

混凝土浇筑及成型装备统计表　　　　　　　　　　　　表2-2

厂　　名	类　型	生产线	混凝土运输	混凝土浇筑	成型设备
徐州某桥梁工业化有限公司	永久	固定	筒式送料机	自动布料机	液压模板
广州市某智慧梁厂	永久	移动	筒式送料机、罐车	自动布料机、料斗	液压模板
成都某城建科技有限公司	永久	移动	罐车	料斗	液压模板
南通某路桥工程有限公司	项目	移动	筒式送料机	自动布料机	液压模板
兴化某预制厂	项目	固定	罐车	料斗	普通钢模板
上海江川路某预制基地	永久	固定	罐车	料斗	普通钢模板
浙江某科技公司	永久	固定	罐车	料斗	普通钢模板
浙江义东高速公路预制厂	项目	固定	罐车	料斗	普通钢模板

例如,徐州某公司虽然采用固定台座,但采用了筒式送料机+自动布料机较为自动化方式;广州市、成都某梁厂采用了移动台座,但由于厂区较大,采用了"罐车+料斗"较为灵活的布置方式。以上三个梁厂属于大型预制基地,预制区分布离散,拌和站覆盖有限,自动运输设备布设难度大,混凝土运输机动性存在问题。总体而言,采用移动模台、液压模板、筒式+自动布料设备等自动化设备的工厂数量增多,成为行业发展趋势。

混凝土养护装备方面,各预制厂大多采用蒸养棚,占62.5%,使得生产工效大幅度提升(1.6~2.8d/片),蒸养系统基本成为桥梁预制工厂标配。其中,采用较高效率蒸养棚,加速混凝土强度及弹性模量上涨的预制厂占40%;采用普通效率蒸养棚,混凝土强度及弹性模量上涨效率稍慢的预制厂占60%。未采取蒸养措施的预制工厂,其生产工期普遍较长(7.8d/片),部分工厂采用二次张拉工艺解决模台周转问题。

自动喷淋养护成为工厂标配,技术较为成熟,各工厂均有配置,见表2-3。

混凝土养护装备统计表　　　　　　　　　　　　表2-3

厂　　名	蒸　养	水　养	生产工期(d)
徐州某桥梁工业化有限公司	移动蒸养棚(高效)	自动喷淋	1.8
广州市某智慧梁厂	固定蒸养棚(高效)	自动喷淋	1.8
成都某城建科技有限公司	移动蒸养棚(普通)	人工+自动	1.8
南通某路桥工程有限公司	固定蒸养棚(普通)	自动喷淋	2.8
兴化某预制厂	无	自动喷淋	7.8
上海江川路某预制基地	无	自动喷淋	7.8
浙江某科技公司	移动蒸养棚(普通)	自动喷淋	1.8
浙江义东高速公路预制厂	无	自动喷淋	7.8

2.2.3.3　技术发展趋势总结

公路桥梁工程混凝土构件预制工厂建设及自动化生产线、装备的应用呈现如下发展趋势:
(1)根据产业化发展规划,建设永久性的公路桥梁预制生产基地,已成为行业发展趋势。

(2)采用液压模板体系、移动台座、混凝土自动运输与自动浇筑设备、蒸养设备的生产线模式日趋成熟,经实践验证具有机械化减人、自动化提效的优势。

(3)生产线固定或移动,以及混凝土运输与浇筑设备的选型,均与工厂定位、厂区规模、产品类型相关,应根据厂区实际情况合理地布置生产区、拌和站,并选型相应运输与浇筑设备。

(4)对于公路桥梁混凝土构件预制工厂,开展必要的结构优化和创新,提高预制便利性,也是行业发展的重要方向之一。

2.3 智能工厂的规划布置

预制工厂规划应遵循工厂化预制、标准化管理、自动化生产、信息化管控的原则,实现有序、高效、安全、优质的构件生产要求。预制工厂的规划方法可从工厂规划、工厂设计、工厂建设、工厂运营四个方面开展论述。

2.3.1 工厂规划

桥梁预制构件智能工厂规划主要包括生产规模、产品类型及工厂选址三部分。

2.3.1.1 生产规模

预制构件工厂的生产规模(或称产能)是工厂规划时首先必须考虑的因素之一,通常以年产预制构件混凝土立方量计。预制工厂的产能规划需结合市场需求确定,按照城市周边市场的年规划建造面积,根据工厂生产的产品构成、市场平均预测率和装配率,计算出市场需求量。也可以通过统计近年各类型预制构件年需求量,推算发展趋势,根据产品结构、周边工厂数量及产能等因素确定预制构件工厂的生产能力需求。2018—2025 年全国重点城市预制构件市场需求量如图 2-36 所示。

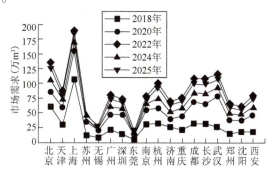

图 2-36　全国重点城市预制构件市场需求

预制构件工厂的生产规模规划需要与目标区域、城市预制构件年需求量匹配,因此市场年需求量的准确预测是进行预制构件工厂布局规划的关键参数之一。参考建筑领域相关研究及已有公路桥梁预制工厂的建设经验,市场年需求量可以采用以下两种计算模型进行预测。

1)预制构件市场需求量动态预测计算模型——A 型

$$N = A \cdot \beta \cdot \theta \cdot \lambda \cdot \delta \cdot K \tag{2-1}$$

式中:N——构件年需求量(万 m³);

A——年装配式桥梁总新开工面积(万 m^2);

β——年装配式桥梁规模参数;

θ——年混凝土装配式桥梁比例;

λ——预制率;

δ——混凝土体积系数(m^3/m^2);

K——动态修正系数。

该模型以某区域、城市装配式桥梁总量为主要对象进行预测,涵盖了各种装配式桥梁项目类型取其总数,依据其各种平均参数直接计算得出总需求量,是一种相对粗略的预测计算方法。

2) 预制构件市场需求量动态预测计算模型——S 型

$$N = \sum S \cdot \theta \cdot \lambda \cdot S \cdot K \tag{2-2}$$

$$S = G \cdot b \tag{2-3}$$

式中:N——构件年需求量(万 m^3);

$\sum S$——某类型装配式桥梁构件年建设规模(万 m^2);

θ——年混凝土装配式桥梁比例;

λ——预制率;

K——动态修正系数;

G——某类型桥梁年施工进展面积;

b——某类型装配式桥梁构件比例。

该模型以某区域、城市具体类型的装配式桥梁构件为主要对象进行预测,以公路桥梁为例,装配式桥梁构件类型可分为:空心板梁、T 梁、小箱梁、节段梁、桥面板、墩柱、盖梁等,分别依据不同的预制率、混凝土体积系数参数预测其构件需求量,再进行求和得出总需求量,是一种相对精确的预测模型,如图 2-37 所示。

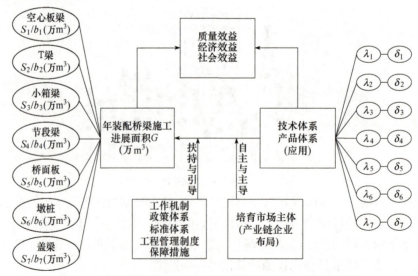

图 2-37 预制构件市场需求量动态预测计算模型——S 型逻辑图[11]

2.3.1.2 产品类型

预制工厂规划生产的产品类型也应以市场需求确定,根据市场需求开展生产规划,可分为主要产品和一般产品。可以采用上述的预制构件市场需求量动态预测计算模型——S 型,以确定装配式桥梁构件各构件类型的市场需求量,结合生产能力、生产线及装备适应性、技术倾向性等因素,从空心板梁、T 梁、小箱梁、节段梁、桥面板、墩柱、盖梁等公路桥梁预制构件中,规划预制工厂所生产的主要产品和一般产品,分配相应的产能。

2.3.1.3 工厂选址

预制工厂是装配式桥梁工业化建造的上游环节,对构件预制工厂的选址是企业长期战略决策的重要内容,将直接影响其生产运营的绩效以及未来发展前景。传统制造业的生产工厂选址主要考虑距离、市场、资源和劳动力四大影响因素,相较于传统生产工厂,预制构件智能工厂的生产、运输与销售与其他制造工厂相比有其特殊性。一是桥梁混凝土构件运输成本高且存在一个合理运输半径,尤其是陆运,运距一般难以超过 120~200km,否则边际成本将大幅提升,既不经济也不节能环保;二是外部运输条件对预制混凝土构件的运输具有限制性,运输前需考虑运输路线的坡度、弯度等,要满足运输大件或超大件的构件和设备的要求;三是对生产场地的要求高,地块的尺寸、形状及地质条件要满足构件流水生产及运输的需要,由于大型堆场拉低厂区容积率,因此还要保证地块容积率符合地区建设指标;四是现阶段装配式桥梁预制工厂的发展往往还需要依靠容积率奖励、直接补贴等政策奖励来提高投资商的积极性,以及采取专项规划、装配率等强制标准来扩大市场需求,因此地方政策环境对预制厂生存经营的影响较大。

整合 PC 构件厂生产、运输与销售的自身特点,工厂选址应符合合法、经济、安全、合理的总体要求,考虑因素可以从经济因素、政策因素、基础设施、社会因素(按照权重从高到低排序)四个维度进行论述。本节根据相关文献结论及已有建设经验,给出了四个维度各个指标的相对权重排序,工厂选址时应综合考虑、统筹分析,优先以影响较大、权重较大的因素作为决策依据。在一般选址方法的基础上,也可运用层次分析法构建预制工厂选址模型,使选址决策从定性分析转变为定量分析,辅助构件厂商进行投资决策,从技术、经济、环境等方面提升预制工厂的竞争力。

1)经济因素

经济因素维度下可以细分为四个指标,按权重从高到低排序依次是市场、成本、行业内协作和竞争。一般模式是厂家看中地区行业前景继而在该地区内选址,因此其建造成本相差不大,对于同一厂家而言融资成本也没有差别。

(1)市场

主要考虑原材料的供应市场和桥梁预制构件的需求市场。原材料如水泥、集料等吞吐量比较大,因此供应要满足流水生产的需求。对于市场需求,一是判断合作伙伴是否在该区域对设计院、开发商、政府等各方有影响力;二是当地市场容量。桥梁构件预制工厂往往会同时维持多个项目的运作,而所在区域市场容量对现金流的维系有重要影响,可根据当地城乡规划、相关产业规划与政策对当地市场的产品需求量以及需求分布及其发展趋势进行分析和预测,以区域 GDP 衡量可支配货币能力。

(2) 成本

融资成本与工厂扩张成本对同一厂家来说差别不大,因此工厂选址主要考虑的是单方构造成本。单方构造成本主要包含土地出让金年摊销费用或租赁费用、预计建设成本折旧、年原材料预计运费、年产品总运费、年预计税费等。其中各地差异较大的一般有人工费、水电费、厂房折旧费、土地出让金年摊销费用或租赁费用、运输费等。

(3) 行业内协作

根据集聚理论,关联性较强的企业由于共享一些资源或存在产品的上下游关系,会选择相互靠近,从而谋求交通、劳动力、环境、政策方面的优势,因此桥梁预制工厂宜和水泥、钢筋等相关建材产业统筹布置。投资建设桥梁混凝土构件预制工厂,需要大量资金、土地、办公设备及配套设施,还涉及人员、技术和市场等诸多方面,单纯靠承接订单进行构件生产,在目前国内形势下难以生存,因此在所处区域能否进行"设计—生产制造—施工建设"的全产业链整合是桥梁预制工厂生存关键之一。

(4) 竞争

包括区域现有及潜在的现浇及预制混凝土构件产品的提供者、对生产所需资源如土地、原材料等的竞争者等。可以用区域内竞争者的数量和密度来衡量。

2) 政策因素

政策因素主要包括产业政策和激励措施,都是政府通过政策手段干预市场行为从而引导行业,二者权重基本相当。

(1) 产业政策

产业政策是由国家制定,通过直接或间接干预产业要素、商品、服务和金融等市场运行机制来引导产业发展和升级的政策总和。国家对装配式建筑、装配式桥梁制定的一系列政策会深化影响行业格局,地区也会根据自身产业规划来引导帮助产业生存和发展。以上海为例,发布了《关于推进本市装配式建筑发展的实施意见》《关于进一步强化绿色发展提高建筑性能的若干规定》《上海市装配式建筑2016—2020年发展规划》等一系列政策文件,以政策与标准的形式扩大了装配式建筑未来的市场容量。

(2) 激励措施

激励措施指各种激励企业生产和发展的政策措施。以上海为例,出台了针对装配式建筑的规划奖励、资金补贴、专项基金减免政策。我国现阶段装配式建筑的发展仍以政策推动为主,市场自发性不高,原因主要在于虽然装配式建筑的全寿命周期成本要低于传统现浇式建筑,但预制构件的运输与安装成本却大大增加,导致装配式建筑建造成本并未显著降低,因此预制构件工厂的实际运营情况并不理想,当地的相关激励措施对预制工厂的生存和经营起到重要的支持作用。

3) 基础设施

基础设施条件对预制工程选址的影响中,交通条件的影响最大,而自然环境、产区条件和厂区安全虽然同样对预制混凝土构件的生产造成影响,但桥梁预制混凝土构件的生产和运输对交通条件的要求要比其他类型的制造业工厂更高。

(1) 交通条件

工厂选址应考虑到覆盖范围的最大化以及运输距离的最小化,与厂外公路的连接要便捷,靠近高速公路、铁路等公共交通线。较短运输距离既意味着较少的构件堆场,同时又考虑到了大型预制混凝土构件等不便于长途运输的情况。当建设地邻近江河、通航条件满足运输要求时,应尽量利用水运,且厂址宜靠近适合建设码头的地段。同时还要注意道路及建材运输优劣,桥涵、隧道、车辆、码头等外部运输条件及运输方式要满足运输大型桥梁混凝土构件的需求,可具体表现为道路等级、道路通行能力、交通设施建设情况等,考虑具体道路交通状况,如公路桥梁允许负荷量、通过的涵洞净空尺寸等。若按运输费用占销售价格8%计,以陆运为主的合理运输距离为60~120km,根据PC构件运输经验,运输距离平均值比直线距离长约20%,因此合理的运输半径约为100km。

(2)自然环境

厂址选择应符合当地大气污染防治、水资源保护和自然生态保护要求,宜在市区边缘,应远离居住区、学校、医院、风景游览区和自然保护区等,并符合相关文件及技术要求,且应位于全年最大频率风向的下风侧。工厂不应建在受洪水、潮水或内涝威胁的地区。另外选址的地势是否平坦会对构件厂的设计和建设带来影响,不平坦的场地将会增加建设费用。

(3)厂区条件

厂址应有满足生产所需的原材料、燃料来源、水源和电源,与厂址之间的管线连接应尽量短捷。市政给水管网的供水与排水应满足工厂生产、生活和消防的要求。构件在厂内的运输以及堆放要求场地平整硬化,防止构件堆放时受力不均而产生裂缝甚至断裂,要能够在合理竖向设计的基础上,满足使用要求的同时尽量减少土方工程量。项目所在地用于规划的地块的尺寸和形状直接影响着各建筑物的相对位置关系、物流及配套布局,因此有必要保证地块的尺寸和形状满足规划产能以及流水顺畅的要求,便于处理生产生活垃圾,为高效生产提供便利条件,一般建议厂区选择长方形。以15万 m^3 产能需求和生产工艺要求计,厂区最低配置应为,土地需要100~150亩,生产厂房约2万 m^2,构件成品堆放区约4万 m^2,办公研发、餐饮宿舍及锅炉房等配套设施等约1.5万 m^2。另外选址应尽量在工业园区以避免因为拆迁引起的多次投资。

(4)厂区安全

厂区安全对员工和财产设备的安全以及构件生产的正常生产十分重要。当有紧急事件发生时,厂区所在地应具备必需的公共资源,如消防、医院等进行应对。

4)社会因素

社会因素下主要考虑社会互适性及人力资源两方面因素,值得注意的是,已有经验表明,社会互适性的权重要高于人力资源。预制工厂的发展离不开人,其所在地区一般会提供大部分所需生产人员,而厂家与当地社会是否互利互惠,是否会产生矛盾对工厂的正常生产也会产生重要影响。

(1)社会互适性

对于工厂选址,桥梁预制混凝土构件需要绿色生产,当地对环境噪声控制、生产性粉尘控制、生产废水、废浆和废弃混凝土控制等因素的接受度,以及哪些因素易引起当地社会矛盾等,都是选址时重点考虑的。

(2)人力资源

人力资源指所在区域提供的预制工厂生产与发展所需人才。桥梁预制构件工厂化生产需要有大面积建设管理经验的专业管理人才和一线技术人员,区域人力资源的优劣可以影响到工厂的生产能力。

2.3.2 工厂设计

构件生产工厂化是桥梁工业化建筑的主要手段,而合理的工厂布置设计可以减少使用成本,提高生产效率。工厂设计需要遵循以下原则:

(1)工厂设计必须按照国家及地方的相关法律法规及规范、标准进行,如现行的《建筑内部装修设计防火规范》(GB 50222)、《工业企业总平面设计规范》(GB 50187),以及与生产内容相对应的专项设计规范等。

(2)工厂设计必须以所在城市的总体规划、区域规划为依据,结合地形以及当前土地的自身条件,充分考虑原有建筑物,尽量降低成本。

(3)预制工厂应贯彻绿色高效、集约用地的原则,科学合理布局,同时兼顾整个工厂内各生产项目的投资顺序和生产线后期提能扩产的要求。

(4)工厂设计应根据厂址所在地区的自然条件,在保证生产流程、操作要求和使用功能优先级前提下,各个单体功能建筑应遵循联合、集中、多层布置的原则。

预制工厂的厂区按总体功能可划分为预制生产区、办公生活区和附属设施区,区域之间相互隔离、合理衔接;生产区布局符合流水线生产流程要求。预制工厂各功能区布置宜考虑风向影响,办公生活区宜设置在生产区上风口位置。工厂平面布局根据项目各单项工程、工艺流程、物料投入产出、废弃物排出及原料储存、内外交通运输等情况,按地块的自然条件、生产要求与功能,按照专业的设计规范进行安排。预制工厂平面布置如图2-38所示。

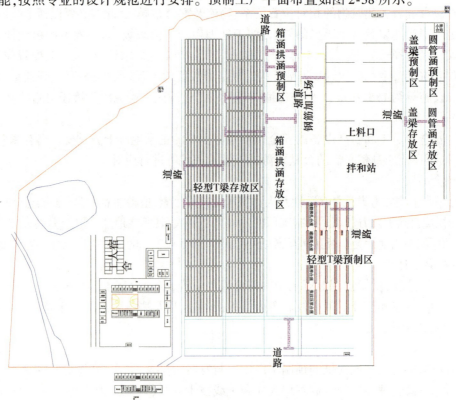

图2-38 预制工厂平面布置

预制生产区是预制工厂主要的生产功能区域,主要功能:原材料仓储、混凝土生产、钢筋堆料加工、构件生产线、构件堆场和成品试验检测等。在总平面布局方面,应以符合生产流程要求为优先条件。以构件生产车间和成品堆场为主进行布置。构件流水线生产车间宜采用2~3跨单层钢结构厂房的形式。应根据工厂生产产能配置满足使用要求的成品堆场。

生产附属设施和生活服务设施可以按照传统工业厂房考虑。整个厂区内的耐火要求、各栋楼防火间距、防火分区要求、消防环道等均应符合现行《建筑设计防火规范》(GB 50016)等有关的规定。

原材料物流的接收、储存、转运、使用场所等应与办公和生活服务设施分离,易产生污染的设施应远离办公区和生活区。人流和物流的出入口设置以城市交通有关要求为准,一般要求实现人流和物流分离。出入口的设置应方便原材料、大型成品运输车进出。建筑物的朝向、采光和自然通风条件应与当地的自然条件相结合。如考虑分期建设,分期建设应统一规划,考虑近期与远期工程合理衔接。

2.3.3 工厂建设

1)工厂建设总体要求

预制工厂建设规模、相关配置、单条生产线构件生产区场地建设应满足表2-4基本要求。单线构件生产区场地建设最低标准见表2-5。

预制工厂建设的基本要求   表2-4

内 容	基 本 要 求
产能(m³/年)	≥50000
场地面积(m²)	≥30000
钢筋加工车间(m²)	≥1200
存储区能力	存储区面积一般为生产区面积的1.5~2.5倍; 存储能力一般不少于夏季连续生产28d构件存储需要
台座数量	应与预制工期、数量相匹配
钢筋加工设备	配置满足调直、弯折、切断生产要求的钢筋自动加工成套设备
吊装设备	每条生产线至少配备满足起吊吨位要求的起重及辅助吊装设备各1台,宜采用门式起重机
自动喷淋养护设施	梁板类:每片梁板设喷管不应少于3条(一般顶部一条,两侧面各一条),每条喷管长度应大于梁体长度,喷头间距小于0.5m;小箱梁体内再增设一条喷管。 其他类:满足养生需求
其他施工设备	智能化混凝土搅拌、钢筋加工设备、预应力张拉设备及压浆设备等
施工质检员、安全员	不少于3人

单线构件生产区场地建设最小尺寸标准　　　　　　　　　表 2-5

生产线种类	宽度(m)		长度(m)		面积(m²)
	需求宽度	每跨宽度	工位间距	制梁区总长	
空心板	梁长+5×2	≥25	4.5-5.0	≥50	1250
T梁	梁长+2.5×2	≥25	3.5-4.0	≥40	1000
小箱梁	梁长+5×2	≥35	5.0-6.0	≥60	2100
组合梁桥面板	梁长+2.5×2	≥25	外轮廓线(含出筋)+1×2	≥50	1250
装配式下部结构	—	≥25	—	≥50	1250

2)工厂建设用地指标

按照《工业项目建设用地控制指标(试行)》(国土资发〔2008〕24号)要求,预制工厂建设的投资强度、容积率、建筑系数、行政办公及生活服务设施用地所占比重应符合下述要求。

(1)投资强度

固定资产投资强度是指项目用地范围内单位土地面积上的固定资产投资额,其反映单位土地上项目固定资产投资情况,是衡量工业用地投入水平的重要尺度。预制工厂固定资产投资强度=项目固定资产总投资÷项目总用地面积,其中项目固定资产总投资包括厂房、设备和地价款。以桐城市为例,PC构件属于混凝土结构构件制造,行业代码为30,地区分类,桐城土地等级为12等,其投资强度应≥864万元/公顷。

(2)容积率

容积率是指项目用地范围内总建筑面积与项目总用地面积的比值,其反映项目对土地的空间利用情况,是衡量土地利用强度的重要尺度之一。

$$容积率 = 项目总建筑面积 \div 项目总用地面积 \tag{2-4}$$

按行业要求,预制工厂容积率不低于0.7。

(3)建筑系数

建筑系数指项目用地范围内各种建筑物、用于生产和直接为生产服务的构筑物占地面积总和占总用地面积的比例,反映项目对土地在平面上的利用情况,是衡量土地利用强度及合理性的尺度之一。

$$建筑系数 = (建筑物占地面积 + 构筑物占地面积 + 堆场用地面积) \div 项目总用地面积 \times 100\% \tag{2-5}$$

按行业要求,预制工厂建筑系数不低于40%。

(4)行政办公及生活服务设施用地所占比重

行政办公及生活服务设施用地所占比重是指项目用地范围内行政办公、生活服务设施占用土地面积(或按建筑面积比例计算的占用土地面积)占总用地面积的比例,反映项目中非生产配套设施使用土地的情况,是反映企业内部用地结构合理性的重要尺度之一。

$$行政办公及生活服务设施用地所占比重 = 行政办公、生活服务设施占用土地面积 \div 项目总用地面积 \times 100\% \tag{2-6}$$

当无法单独计算行政办公和生活服务设施占用土地面积时,可以采用行政办公和生活服务设施建筑面积占总建筑面积的比重计算得出的占用土地面积代替。预制工厂行政办公及生活服务设施用地所占比重应满足表 2-6 的要求。

行政办公及生活服务设施用地所占比重 表 2-6

区 位	控 制 要 求
工业项目用地范围内	行政办公及生活服务设施用地面积≤工业项目总用地面积的7%,且建筑面积≤工业项目总建筑面积的15%,不得分割转让;严禁建造成套住宅、专家楼、宾馆、招待所和培训中心等非生产性配套设施
工业园区、工业项目聚集区内部	应合理规划工业生产必需的商业服务业、科研、仓储、租赁住房、公用设施等用地,促进复合利用、职住平衡,发挥整体利用效益
工业园区、工业项目聚集区外部	单体大型工业项目,按照工业用地落实用途的战略性新兴产业、先进制造业项目,项目用地范围内可以增加研发、创意、设计、检测、中试设施,增加的建筑面积≤工业项目总建筑面积的15%,不得分割转让

3) 预制生产区

预制生产区是完成构件原材存放、加工、预制、养护、施加预应力、整修和存放的区域。生产区的主体是生产车间,一般为大跨度单层钢结构厂房,车间设计 2~4 跨不等,长度为 120~180m,单跨宽 24~27m。每跨车间内需配置桁车至少 2 台,其起吊高度不小于 7m。地面做硬化处理,硬化层不低于 20mm。此外还包括梁板生产线、钢筋加工车间、混凝土拌和站等。

(1) 梁板预制生产线

混凝土桥梁构件成型一般关键步骤:混凝土拌制、钢筋加工及绑扎、混凝土浇筑及振捣、脱模、养护和预应力张拉。梁体生产线主要完成钢筋绑扎、混凝土浇筑及振捣、脱模、养护及预应力张拉的工作。

为了提高生产效率,适应工业化生产模式的要求,梁体预制生产线宜按流水线模式进行布置。

(2) 钢筋加工区

钢筋加工区是预制工厂的重要组成部分,各构件工艺的钢筋加工都应设置钢筋加工车间,完成钢筋原材的调直、切断、成型、绑扎、成品储存等工序,为钢筋各生产区供应钢筋半成品及成品。钢筋加工生产线应采用自动化数控设备,如数控钢筋调直切断机、数控钢筋弯曲机、钢筋网成型机、钢筋连接接头加工机械、钢筋冷加工等设备及自动桁架钢筋生产线。

根据生产进度和每天生产任务量,合理确定每种规格钢筋加工数量、合理储备量;根据确定的加工及绑扎速率,按照构件的生产速率需求(例如每 24h 绑扎一榀梁的钢筋),合理确定需要钢筋加工设备及绑扎区的钢筋绑扎台座数,通过绑扎台座数计算钢筋加工及绑扎区的占地面积。

钢筋应根据种类、规格、型号分类存放,应结合资源供应及生产任务进度,合理确定不同的钢筋存储量。在资源供应充足的情况下,原则上按照 10d 生产任务量考虑钢筋的储备,并据此计算钢筋存放区面积。钢筋存放应遵循不使钢筋锈蚀、确保钢筋性能满足使用要求的原则,尽量满足同一炉号、同一批号、同一验收批使用到同一跨梁的要求。

(3) 混凝土拌和站及砂石料仓

混凝土拌和站包括原材料储存区、混凝土生产区与中控室，采用全封闭车间生产模式，以减少粉尘和噪声的污染。砂石原材料自然堆放于储存区；水泥、粉煤灰等掺合料采用筒仓储存。

根据生产进度和每天生产任务量，结合每榀梁体连续灌注时间要求（箱梁要求6h内灌注，T梁要求3.5h内灌注完毕），按照梁体混凝土数量、施工时间，确定拌和站拌和能力及与之匹配的泵送、运输能力，按照连续生产10~15d生产需求，计算确定拌和站和存料场的占地。

(4) 实验室

实验室一般设在办公楼一楼或车间内，实现主要原材料及过程的检验与记录，主要由材料室、混凝土室、力学室、标养室及留样室等组成。其功能主要包括：进行砂石等材料的一般物理测试，进行混凝土试配、强度检验、试块养护、原材料留样，配合产品研发等。

实验室房屋面积应根据生产进度指标要求，并结合现行规范的相关规定确定。实验室房间数量及面积应满足所需试验设备仪器的安装场地及操作空间要求，一般不少于8间×20m^2/间，办公室面积不计算在内。

(5) 构件整修区

应设置构件整修区，作为构件质量检验、修补、粗糙面处理、表面装饰处理的场所。

(6) 构件储存区

存梁台座数量与桥梁构件生产的整体供求关系、供梁工期密切相关，应根据实际情况合理确定存梁台座数量和布置形式。

存梁区面积大小还与存梁方式有关。存梁方式主要取决于移、运梁设备，主要有单层存梁、双层存梁、高低错位存梁三种方式，采用轮胎式提梁机移梁，三种存梁方式均可采用；双层或高低错位式存梁可以有效减少存梁区面积；若选用移梁小车方式移梁，则只可选用单层存梁方案。

4) 办公生活区

(1) 办公区

预制工厂内的办公研发楼应满足100~150人办公需求，并预留足够的房间。

办公研发楼内各个职能部门包括办公室、研发设计部、生产管理部、计划合同部、财务部、物资设备部、安全质量部等，并应设有多功能厅、大中小型会议室、接待室。

(2) 生活区

根据预制工厂经营规划情况，宿舍楼的面积要满足高峰产能时员工的住宿条件。宿舍楼设计简洁大方，有节能供暖设计。

5) 附属设施

(1) 锅炉房

预制构件生产用蒸汽主要用来进行构件的蒸汽养护，一般采用清洁能源作为燃料。锅炉房宜就近配备，内设燃气锅炉，通过蒸汽管道为养护仓提供适宜的温度湿度条件，有效缩短养护时间。若距离养护仓较远，蒸汽管道应采取保暖措施，以减少热能的损失。

(2) 污水及废弃物处置设施

在车间成品区尾部设置三级污水处理池，混凝土搅拌站设置污水处理循环利用系统，考虑水循环利用,根据现场条件设置雨水、废水循环装置系统,厂区内应设置专门的固体废物回收处,主要用于临时存放混凝土废渣等废弃物。

(3)配电室

工厂用电根据设备负荷合理规划设置配电系统,配电室宜靠近生产车间。

(4)厂区道路

厂区道路在满足生产需求的同时,要做到物流通畅有序。厂区主干道构成环状路网,各路相通,物流出入口应紧邻市政道路。厂区交通要做到人、物分流。厂区道路一般采用水泥混凝土路面,主干道宽度不小于7m,次干道不小于5m。对厂前区、道路两侧及新建筑物、构筑物皆予以绿化。

2.3.4 工厂运营

传统桥梁构件预制往往采用在桥位附近建设临时预制厂的方式生产,大规模的预制生产也采用在交通运输便利的位置建设大型预制工厂的方式集中生产。临时性质的预制厂地均存在建设后复耕问题,传统在桥位附近建设的小型临时预制厂在施工质量、效率方面更是难以保障。因此,近年来,桥梁构件的预制生产存在着建设预制工厂、向半永久或永久性预制基地过渡的发展趋势。

临时预制厂的生产完全面向具体工程,其生产需求、运营模式完全根据所服务的具体工程而定,计划性、针对性较强。而半永久性或永久性预制基地的生产需部分或全部面对市场,工厂的生产运营需围绕市场需求展开,借鉴现代工厂运营管理理论,桥梁构件预制工厂的运营及生产组织模式一般可分为两种:产品式生产和订单式生产。

(1)产品式生产(Make To Stock,MTS)。也称备货式生产、存货型生产,或按库存生产,是在对市场需求量进行预测的基础上,有计划地进行生产,产品有库存。最终产品从成品库中直接发运,因此在客户订单到达之前已经生产完成。其优点是缩短了交期,客户不需要等待即可获得产品。产品式生产的缺点是对市场需求预测和库存管理控制要求较高,否则容易造成库存积压,直接造成资金的流通不畅甚至是损失;另外,如果不能精确地把握市场变化,库存产品很可能滞销,对工厂运营带来重大影响。

(2)订单式生产(Make To Order,MTO)。即面向订单生产,最终产品在收到客户订单后才能确定,工厂在接到订单后,才开始组织生产。这种生产模式可以更好地满足市场需求,充分按照客户关于产品品质、交货期、价格等方面的要求,合理地组织生产。订单式生产管理强调在生产过程中能够快速地按照订单生产,以最短的时间完成产品的交付,同时尽可能减少产品生产库存,增强竞争力。订单式生产是建立在准时制生产方式(Just In Time,JIT)和精益生产理论上的一种生产经营方式,它带动了整个物流环节的运作,围绕客户订单,展开采购、生产及销售活动,使得整个物流系统的运作更有目的性和方向性,大大提高了物流效率,降低了生产物流成本,缩短了产品的生产周期,在最短的时间内完成订单合同,满足客户需求;与此同时,工厂也减少了库存压力和资金占用,缓解了资金压力。

但订单式生产的缺点也是显而易见。由于按订单生产,且客户订单的细节要求往往各不相同,这就势必造成面向订单生产的工厂的产品种类较多,对生产线的灵活性、适应性也提出了更高的要求。同时,订单式生产模式下,产品需求的波动较大,这种波动包括需求时间上和数量上的波动,单个订单对产品的需求数量相对较小,即"需求少量多样"。此外,由于MTO产品要求更长的生产提前期(Lead Time),一方面,较长的生产提前期会造成需求变更的频繁,包括订单的增加或取消、交期的提前或延后、数量的增加或减少,甚至产品类型的变更等等;另一方面,较长的生产提前期往往超出客户预期,客户通过各种方式提升订单优先级,以获得期望交期,造成紧急订单(Rush Order)多、插单多,给生产组织带来一定不便。

大多数产品需求基本具有可预见性,只有少数产品在客户需求不明的情况下,存在着滞销或者火爆的可能性,因此一般情况下采用订单式或者产品式区别不大,主要由市场行情、经营惯性确定。

以市政工程道砖为例,主要采用产品式,这是因为产品规格基本上是确定的,市场规模是可以预见的,在销售过程中也可以根据销售情况对产量进行动态调整;在滞销的情况下,产品可以存储较久,通过持续销售可以减小损失。

然而轻型T梁与道砖的情况完全不同,一方面桥型、跨径的变动性较大,难以采用定型产品,另一方面张拉预应力后,梁体在徐变作用下持续变形,预应力也持续损失,超过6个月基本上无法再满足设计要求,对存储有着严格的要求,因此轻型T梁采用订单式为宜。

同时对于半永久或者永久性预制基地,应补齐订单式的短板。由于工厂需应对不同产品的生产,生产线必须考虑一定的兼容性,能够通过较小的改装,实现多种构件的生产。

2.4 本章小结

本章对桥梁工业化建造的智能工厂进行了研究,概括了智能工厂发展的历程和前景,基于典型工厂的调研分析总结了桥梁预制工厂的技术现状,提出了智能工厂的规划方法,主要结论有:

(1)概述了智能工厂的发展历程及演进,从国家战略要求及公路建设需求两方面论述了智能工厂建设的意义及发展前景,总结了现代智能工厂的主要特征:向半永久或永久预制基地方向发展,全面应用自动化、智能化设备及信息化技术,实现预制构件的全寿命周期管理。

(2)对市政工程领域桥梁工程典型预制工厂开展了调研分析,传统桥梁预制工厂由于构件体量大,生产线组织及装备集成困难,为此,本章研究采用腹板等厚、横隔板后装的新型装配式T梁,通过结构优化极大便利了T梁工厂预制的模板安拆等环节,同时降低了构件运输和吊装难度,实现了公路桥梁预制构件的工厂化、自动化、流水化生产,可以大大提高公路桥梁预制化率和桥梁构件的工业化生产水平。研究表明,对于公路桥梁混凝土构件预制工厂而言,开展必要的结构优化和创新,提高预制便利性,是行业发展的重要方向之一。

(3)围绕工厂规划、工厂设计、工厂建设、工厂运营等方面,对桥梁预制智能工厂的规划方法进行了系统论述,对工厂的产能规划、选址、平面设计、厂区及各功能区建设等提出了规划原则及基本技术要求,为智能工厂规划与建设提供参考。

第 3 章
CHAPTER 3

装配式混凝土 T 梁智能生产线及装备

桥梁快速化建造已经成为主流趋势,其常采用装配式构件形式。然而,当前大部分预制装配式构件在其生产过程中仍沿用固定台座的传统生产模式,但其场地占用率高、周转效率低,严重影响预制构件的生产效率,亟须提高其智能化制造水平。为达到新型装配式 T 梁工业化智能制造的目的,通过对移动及固定流水选型确定了适用于新型装配式 T 梁的智能生产线类型,并根据装配式轻型 T 梁的施工流程及生产线布置形式确定相应智能成套装备。

3.1 智能生产线选型及总体布置

3.1.1 生产线选型

3.1.1.1 预制混凝土构件生产线模式

根据已有调研及工程实践经验,建筑行业预制混凝土构件采用的自动化生产线模式主要有分为固定模台生产线和环形流水生产线两种。工厂建设应根据自身技术条件和生产需要合理选择。

1)固定模台生产线

(1)设备组成

固定模台生产线采用模台固定、作业设备移动的生产方式,在固定位置放置模台,制作构件的所有操作均在模台上进行,作业人员和钢筋、混凝土等材料在各个模台间"流动"。模台一般是一块平整度很高的钢结构平台。在生产时,台模作为构件底模,与四周可拆卸侧模组成完整模具。固定模台生产线具有很高的灵活性,可根据产能要求的增加而增加模台数量,能够通过对整条预制构件生产线的制造系统结构及其组成单元进行快速重组,及时调整制造系统的功能和生产能力。固定台模生产线自动化程度较低,需要更多工人,但该生产线工艺具有设备少、投资少、灵活方便等优点,一些不适合进入生产线进行生产的构件产品(例如高度超过养护窑层高等异型构件)往往需要采用这种生产模式。固定模台生产线主要设备包括模台、移动式翻转机等,如图 3-1 所示。

(2)工艺特点

固定模台生产线工艺的特征在于模台固定不动,绑扎或焊接好的钢筋用起重机运送到各个固定模台处;混凝土用送料机或送料吊斗运送到固定模台处,养护蒸汽管道也通到各个固定模台下,PC构件就地养护;构件脱模后再用起重机运送到预制混凝土构件存放区。固定模台工艺又可分为平模工艺和立模工艺。

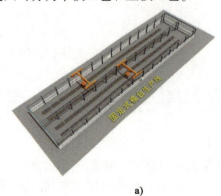
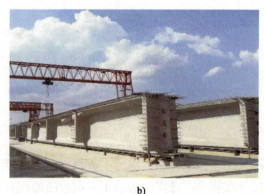

a)　　　　　　　　　　　　　　　　b)

图3-1　固定模台生产线

固定模台工艺是预制混凝土构件制作中应用最广泛的一种制作工艺,其具有适用范围广、适应性强、加工工艺灵活、启动资金少等优点。但由于模台间不能移动,其占地面积大、人工消耗量大,多数情况下生产效率低。但适用范围广,不仅适用于柱、梁、楼板等各类预制混凝土构件的生产,也可用于生产墙板、楼梯、飘窗板、阳台板、转角构件等异型复杂构件。

2)环形生产线

(1)设备组成

环形生产线是一种模台移动式生产线,又称机组流水法生产线,如图3-2所示。这种生产线采用高精度、高结构强度的成型模具,经布料机把混凝土浇筑在模具内,振动台振捣后并不立即脱模,而是经预养护和蒸汽养护,使构件强度满足设计强度时才进行拆模处理,拆模后的PC构件运输至产品暂存区或室外成品堆放区,而空模台沿输送线自动返回,形成了自动化环形流水作业。相比于固定模台生产线,环形生产线是一种自动化程度较高的生产线模式,其主要设备一般包括模台、模台清理机、喷涂机、布料机振动台、拉毛机、抹光机、预养护窑、码垛车、养护窑、翻转机、支撑轮、驱动轮和摆渡车等。

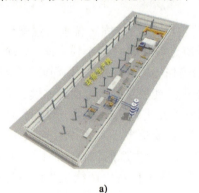

a)　　　　　　　　　　　　　　　　b)

图3-2　环形生产线

(2)工艺特点

①环形生产线模具在生产线上循环流动,而不是机器和工人在生产线循环,能够快速、有

效地生产简单产品的同时,制造耗时且更复杂的产品,而不同产品的生产线工序之间互不影响。机组流水法也分为平模工艺和立模工艺。

②环形生产线生产不同预制混凝土构件产品所需要的时间(即节拍)是不同的,按节拍时间可分为固定节拍和柔性节拍。固定节拍的优点是效率高、产品质量可靠,适应产品单一、标准化程度高的产品;柔性节拍的特点是流水相对灵活、对产品适应性较强。因此机组流水工艺能够同步灵活地生产不同的产品,令生产操作控制更为简单。

③环形生产线能够达到很高的自动化和智能化水平,对于标准且出筋不复杂的预制混凝土构件,可形成全自动化或半自动化生产线,大量减少人工生产力、减轻劳动强度、节约能耗、提高效率,适用于生产标准化的楼板、墙板类预制混凝土构件或无装饰层墙板的制作。但是由于流水线工艺的自动化程度较高,其投资较大、回报周期长、后期维护费用高,且对操作人员的要求比较高。

3.1.1.2 桥梁预制构件生产线模式

根据预制厂建设模式,混凝土桥梁预制构件的生产模式可分为传统生产线、固定模台生产线和环形生产线三种。

1)传统生产线

(1)布置模式及特点

传统生产线采用台座固定,人、机围绕台座开展施工,且需要在台座上养存7~10d左右。其主要包含以下两种布置模式。

①模式一:台座纵向布置,如图3-3所示。该种模式下,模板、蒸养棚等设施可以纵向滑动,周转便利;由于其采用两台门式起重机,或采用框架门式起重机,因此设备复杂;故该种生产模式在场地狭长情况下较为适用。

图3-3 传统生产线(模式一)

②模式二:台座横向布置,如图3-4所示。

图3-4 传统生产线(模式二)

这种模式下,模板、蒸养棚等设施依靠门式起重机搬运,周转不便;但门式起重机数量少,布置简便,且其布置灵活,场地形状要求较低;此外,芯模安拆区域可以和通道合并,节约部分场地面积。

(2)生产线优缺点分析

传统生产线模式存在以下优点:梁厂建造成本低;在小体量预制时,设备摊销少;缺点主要表现为:预制效率一般较低,靠增加台座数量提高生产效率,场地利用、周转率低,人工多、人力成本高;采用二次张拉可提高生产效率,但人力成本高、管理成本高。

2)固定模台生产线

(1)布置形式

固定模台生产线以固定台座和模板为中心,物料和人员围绕模台作业,其主要生产流程与预制建筑构件类似,生产线布置如图3-5所示。

a)带有侧立架或模板台的固定模台生产线

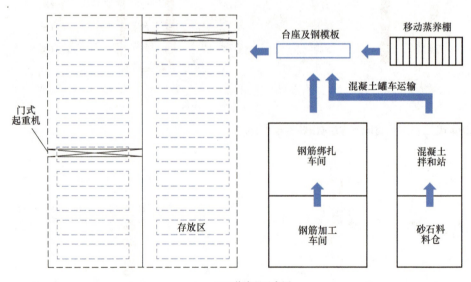

b)工艺流程示意图

图3-5 固定模台生产线

固定台模生产线是早期预制桥梁构件生产的主要模式,自动化程度较低,但对构件的兼容性较好,可生产空心板梁、T梁、小箱梁、整跨大箱梁、节段梁和组合梁桥面板,比较特殊的是,如采用先张法施加预应力,只能采用固定模台生产线。

(2)生产线特点

固定模台生产线,其台座固定,人、机围绕台座开展施工。固定模台生产线的建设技术较为简单,场地布置灵活,建设成本低,对场地面积要求比较小,对场地形状要求小,设备数量要求也减少;台座数量可变,布置较为灵活;便于预制区生产构件的调整,通用性强,可用于游牧式预制厂的建设,也可用于永久性生产基地的建设。缺点是,由于模台的位置固定,同一工位下较难布置过多功能设施,且必然导致不同物料和工序流程路线发生冲突,对自动化程序的布置不利;多个台座共用模板、蒸养棚等设备情况下,管理、协调组织以及质量控制难度大,全自动化困难。

3)综合环形生产线

(1)布置形式

综合环形生产线以工艺流动路线为中心,各工艺设施沿生产流动方向布置,其主要生产流程与预制建筑构件类似,生产线布置如图3-6所示。

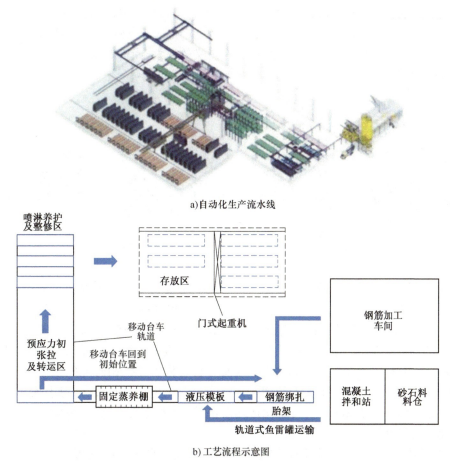

图3-6 环形生产线

综合环形生产线是现代工厂化预制的主要模式，一般生产线对应生产特定产品，可生产空心板梁、T梁、小箱梁、组合梁桥面板，只能采用后张法工艺施加预应力。

(2)生产线特点

①综合环形生产线将生产工序的各步骤有序地组织在线形空间内，优化了物流和工艺路径，将生产功能分隔，便于开展专业化的工作，对自动化程度的兼容性好。缺点是，生产空间一般呈线形展布，布局形式较为固定；生产设备对应特定产品，更换产品类型时需要高昂的替换成本，因此灵活度相对较低。

②在综合环形生产线中，由于其台座移动，每道工序有工位，台座移动至尾端通过回路返回，厂房宽度由门式起重机决定（<35m），厂房长度由梁体长度确定（梁长×工序数+作业空间），一般长宽比大于4。采用综合环形生产线时，其主要优势表现为各工序相对独立，管理便利，自动化程度更高；然而，该种生产线模式需增加设备数量多，设备投入成本高；在相近构件中可通用，其他形式产品生产线改造难度大。

3.1.1.3 轻型T梁预制生产线适应性

建筑领域预制构件以板件为主，尺寸、方量相对较小，预制构件自动化生产线的研究、应用相对成熟，基本完成工业化建造的3.0数字化；但在交通领域，相关研究及实践总体仍处于起步阶段，部分地区对3.0自动化和数字化做了有意义的探索，尚不够系统全面。工业化建造发展历程如图3-7所示。

图3-7 工业化建造发展历程

对于桥梁工程建设，大部分工程仍停留在通过临时场地的建设将现浇施工转变为预制装配的"1.0预制化"阶段。在此基础上，一部分代表性工程进行了"2.0工厂化"的积极探索，从建设临时梁场进步为建设永久梁场，通过引入门式起重机、钢筋弯折机器等，实现桥梁预制构件的工厂化生产，其采用的生产线模式基本为固定模台式生产线。部分工程提出了以智慧梁厂为建设目标，对桥梁预制构件自动化生产线及与自动化生产线相匹配的生产工艺及控制方法进行了有益的探索，其相应的生产线模式为环形自动化生产流水线，通过引入布料机、鱼雷罐、液压模板等设备，实现混凝土自动化运输及浇筑、自动化蒸养，推动桥梁构件预制向自动化、数字化的转型升级。

对新型装配式T梁生产，采用固定模台式生产线及环形生产线均可实现自动化生产，比传统临时预制梁场采用的单一集中生产模式效率均大大提高，其中固定模台式生产线自动化程度较低，但灵活性较高；而环形生产线自动化程度较高，但灵活性相对较低。预制生产模式特点比较见表3-1。

预制生产模式特点比较　　　　　表3-1

预制工艺	优　点	缺　点	适 用 范 围
固定模台生产线	(1)梁厂建造成本低； (2)在小体量预制时设备摊销少	(1)预制效率低； (2)场地利用、周转率低； (3)人工多、人力成本高	宜在体量较小工程采用
自动化生产线1： 固定模台生产线	(1)适用范围广； (2)适应性强； (3)加工工艺灵活； (4)启动资金少	(1)占地面积大； (2)人工消耗量大； (3)生产效率低	(1)预制构件样式差异巨大； (2)厂房面积小； (3)有较强烈的通用性需求
自动化生产线2： 环形生产线	(1)生产速度快； (2)自动化和智能化水平高； (3)减少人员参与； (4)占地面积小	(1)投资较大，汇报周期长； (2)后期维护费用高； (3)操作人员要求高	预制构件样式相对稳定，通用性需求相对要求较小

从表3-1对比可以看出，环形自动化流水生产线比固定模台式生产线在生产效率、场地占用、人力成本等方面均具备明显优势，自动化程度较高，但只适用于生产固定型号产品，灵活性较差。对于新型装配式T梁而言，其尺寸、型号较为标准，且其跨径、截面尺寸、钢筋及钢束布置标准化程度较高，有利于标准化、自动化施工，对于环形生产线具有较高的兼容性，宜采取环形生产线布置，充分发挥自动化优势，提高生产效率，推动交通工程预制构件向自动化、数字化、智能化的方向发展。

3.1.2 生产线布局

3.1.2.1 生产线布局方式

根据工业工程中对生产线的定义，即原材料经过特定生产步骤最终形成成品的生产组织形式。可将生产线简化成如图3-8所示模型。生产线布局要考察原材料、生产线和成品三者之间的排布方式和空间几何特点，用以供工厂规划设计参考和定义。

根据工业工程的原理，生产线布局可分为直线形、折线形和框图式。由于预制T梁产品具有体积大、质量重的特点，而框图式只适用于小型工业产品的灵活布局，本节根据现有PC构件的生产实践，提出一种三明治式的生产线布局。

1）直线型布局

直线型布局如图3-9所示，其优点是传送工件方便，可以充分利用生产面积。缺点是不可以循环自动化生产，增加了物流运输时间和成本。对于工序比较多的混凝土叠合板，生产设备多，如采取此种布局方式，生产线过长，不利于厂房布置。

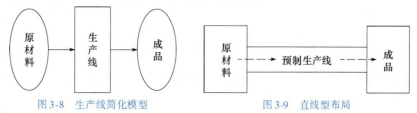

图3-8　生产线简化模型　　　　图3-9　直线型布局

2）折线型布局

当生产线工位过多、长度过长或者需要工件自然转位时，可布置成折线形式。折线形生产线可以设计成多种形式。

（1）L形布局，如图3-10所示。

（2）U形布局，如图3-11所示。

（3）三明治形布局，如图3-12所示。

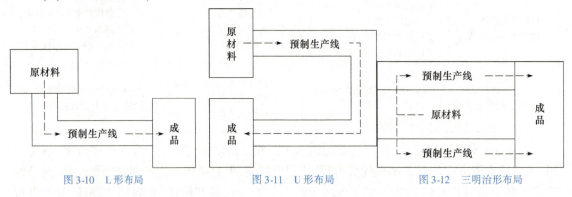

图3-10　L形布局　　　　　图3-11　U形布局　　　　　图3-12　三明治形布局

3.1.2.2　生产线布局逻辑

根据现有施工经验，无论采用何种工艺，新型装配式T梁生产均包含以下分项工程。

（1）施工前准备

施工前准备包含设计技术交底、施工组织设计、专项施工方案、管理与组织安排以及原材料检验等。

（2）钢筋工程

包含钢筋加工、钢筋连接、钢筋绑扎以及钢筋安装等。

（3）模板工程

包含模板设计、模板安装以及模板拆除等。

（4）混凝土工程

包含混凝土拌制、混凝土运输、混凝土浇筑以及混凝土养护等。

（5）预应力混凝土工程

包含预应力筋制作、锚夹具安桩、连接器安装、管道安装、施加预应力以及孔道压浆及封锚等。

（6）质量检验

包含实测项目和外观质量。新型装配式T梁的施工工程组成如图3-13所示。

按照生产线的逻辑结构，可为每一个工作步骤安排一个独立的工作空间，但实际上，这样做既不经济也不合理。在工厂的实际预制中，部分工作是共享同一工作空间的。实际上，腹板钢筋安装、端模安装和预埋件安装是在同一台位上进行的，而侧模安装和混凝土浇筑是在同一台位上进行的，同时混凝土采用鱼雷罐运输会跨越从钢筋绑扎到混凝土浇筑的全部空间。生产线的空间结构如图3-14所示。

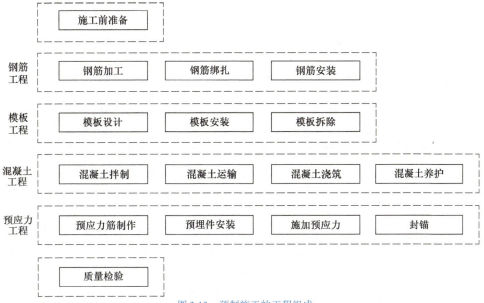

图 3-13　预制施工的工程组成

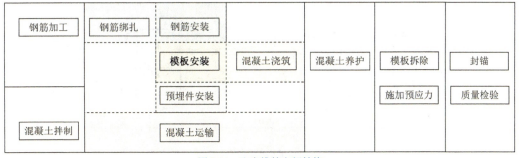

图 3-14　生产线的空间结构

3.1.2.3　生产线功能区划分

根据新型装配式 T 梁的生产工艺流程,将自动化生产功能区划分为:钢筋安装区(横移区)、混凝土浇筑区、养护区、张拉区、提梁区(横移区)。

(1)钢筋安装区(横移区):用于钢筋的吊装或将回路上的移动台座横移到生产线上。

(2)浇筑区:经上道工序完成吊装腹板钢筋后移模至本区,本区需要完成合模、吊装顶板钢筋、浇筑混凝土。浇筑完成,静停、脱模。当强度满足纵向移梁强度后移梁至养护区。

(3)养护区:把梁体纵向移动到固定式养护室内部,智能养护系统可根据工艺数据自行进行设计温控曲线,实现自动调整温度与湿度。到达要求强度后移梁至张拉、提梁区。

(4)张拉区:进行梁体预应力钢束的张拉,并完成预应力孔道的智能压浆。

(5)提梁区(横移区):进行提梁至临时存梁区,或将生产线上的移动台座横移到回路。

桐城预制梁厂主要预制 25m 轻型 T 梁,共计 1920 片,分为 5 条生产线+2 条回路,每条生产线共 5 个工位,各生产区的功能分区如图 3-15 所示。根据生产需求,轻型 T 梁预制区为钢结构厂房,厂房尺寸为 54m×120m,各功能区预留尺寸为 30m,后期可以根据工艺需求对工位间隙进行优化调整。

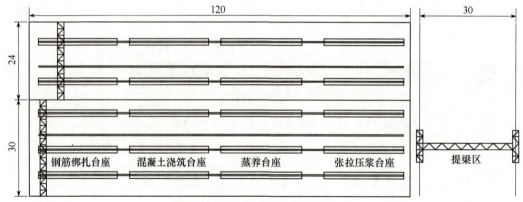

图3-15 各生产区的功能(尺寸单位:m)

根据新型装配式T梁液压模板的尺寸要求,各生产线间的最小间距为8m;而根据台座尺寸要求,生产线与回路交错布置时最小间距为11.2m。生产线间的布置间距一般如图3-16所示。

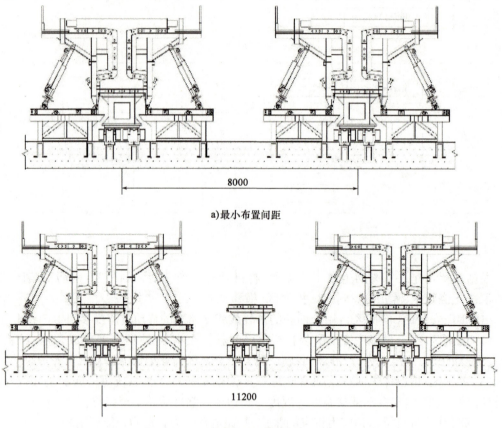

a)最小布置间距

b)交错布置最小间距

图3-16 新型装配式T梁生产线布置间距(尺寸单位:mm)

对于新型装配式T梁生产线的回路布置,采用原则如下:由于各工位均处于占用状态,钢台座横移受阻,故两条生产线应至少共用一条回路。

根据液压模板的尺寸要求以及交错布置最小间距要求,提出了5条生产线+2条回路并行布置的方案,如图3-17所示。两个生产区内分别布置3条生产线+1条回路、2条生产线+

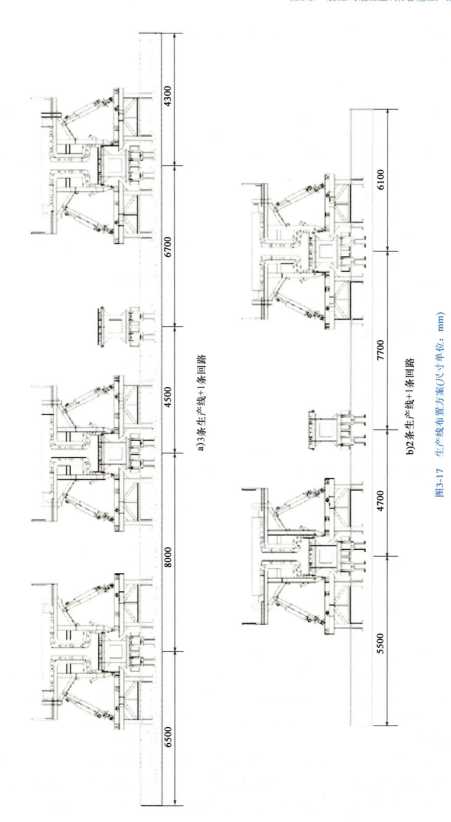

图3-17 生产线布置方案(尺寸单位：mm)

1条回路,此方案下天车的跨度采用常用跨度24m和30m。

3.1.2.4 生产线兼容性分析

(1)不同跨径尺寸的适应性

新型装配式T梁的常用跨径为15m、20m、25m,目前根据其最大跨径梁体的尺寸要求,按照各功能区的长度取为30m的方式进行新型装配式T梁智能生产线的布置。因此,在其他较小跨径尺寸梁体的生产过程中,仅需通过调整各台座之间的纵向布置间距,使得各功能区的纵向布置仍能满足其生产需求。

(2)其他类型构件的适应性

根据桥梁构件工厂订单生产需求,在需要将原新型装配式T梁生产线更换为其他类型构件生产线时,仅需根据构件尺寸更换轨道上各台座、模板,并根据轨道布置间距要求重新合理选择生产线轨道及回路轨道,并合理调整各功能区的纵向间距。其中,当需要生产的其他类型构件尺寸横向宽度较大,超过蒸养棚尺寸时,可根据订单中生产数量、期限等要求综合分析,设置临时移动蒸养棚或较大尺寸的固定蒸养棚。

3.1.3 厂房布置

3.1.3.1 总体布置

预制构件工厂按功能可分为3个主要部分:预制生产区、办公生活区和附属设施。为便于预制生产线的设置和相关功能区的布设,计划设3个生产区对构件进行预制:1个圆管涵、盖梁生产区;1个轻型T梁生产区;1个箱涵、拱涵生产区。其中,轻型T梁生产区中主要包含钢筋加工区、混凝土料仓及拌和区、预制存放区,如图3-18所示。

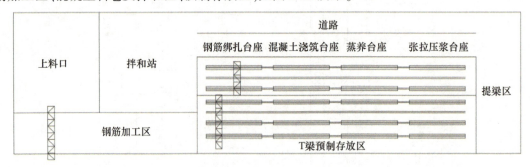

图3-18 轻型装配式T梁智能生产线平面布置图

钢筋加工区布置在箱涵拱涵预制区和拌和站之间,占地面积3600m²,厂房为钢结构大棚,结构形式为20cm3%灰土+20cm3%灰土+20cm3.5%水稳+10cmC25(进场道路为20cmC25)混凝土。场区内设置4m宽通道,硬化采用重型道路标准,并涂刷环氧乳胶漆,并于走道两侧设置隔离护栏。

钢筋加工场区布置如图3-19所示,分为轻型T梁钢筋成品存放区、待检区、加工区、原材存放区、智能设备加工区,靠近配电端部设置4m×4m废料池,钢筋加工区场地硬化面高程为45.45m。钢筋加工区内设置原材存放区,采用I 20~25工字钢加钢管焊接框架,用于钢筋垫高存放；半成品构件采用钢构框架隔开分类存放，小型半成品构件采用钢架分类悬挂存放或摆放至货架分类存放。

成品存放区	待检区	智能设备加工区	原材存放区	加工区	待检区	成品存放区
成品存放区	待检区	智能设备加工区	原材存放区	加工区	待检区	成品存放区

图 3-19　钢筋加工场区布置情况(尺寸单位：m)

场区内配备 2 台 5t 桁架式起重机，用于原材卸料、半成品、成品等吊运，如图 3-20 所示。钢筋生产区域内共设置 1 套智能钢筋加工设备：1 台弯箍机器人 WG12B-2，每台班生产 8t 钢筋；1 台弯曲机器人 G2L32E，每个台班生产钢筋 35t；1 台切断机器人 XQ120，每个台班生产钢筋 40t。圆管涵钢筋采用直径 1.5m 的钢筋滚焊机生产。其他加工设备根据需要增设。

图 3-20　钢筋加工区

3.1.3.2　混凝土拌和区布置

1）拌和站

经测算，最高峰单日混凝土最大浇筑方量约为 300m³。HZS-90 型拌和站每盘最大出料 1.5m³，理论出料 90m³/h，按理论产量的 70%，每小时生产混凝土 63m³，生产 5h 即能够满足要求，故 HZS-90 型拌和站可完成混凝土施工计划。

拌和站采用 2 台 HZS-90 型地埋式拌和系统，配设 6 个斗配料秤，配备 2 台装载机上料，8 个储料罐，2 部罐车，8 个料仓，一套混凝土平面运输系统。总占地面积 11040m²，其中料仓 6900m²，拌和区域 4140m²，拌和站标高为 45.45m。结构层形式为 20cm3% + 20cm3% 灰土 + 20cm3.5% 水稳 +20cmC25 混凝土。

拌和站采用 HZS-90 搅拌楼，设计理论产量 90m³/h，拌和机设 8 个容量为 100t 的水泥罐，8 个水泥罐沿拌和机两侧成扇形布置，如图 3-21 所示。储存罐及拌和楼基础整体高 1.6m，采用整体式条型 C30 钢筋混凝土基础。

图 3-21　HZS-90 型拌和站布置

2）料仓

经测算,7 个料仓（除 1 个待检仓）每个料场尺寸为 20m×25m,累积可储存 7000m³ 原材,按照单日混凝土最大浇筑方量约为 300m³,单方混凝土需要约 1.2m³ 原材,每天需要 360m³,可满足约 20d 使用量。

料仓按 8 挡设置（2 个细石仓、2 个粗石仓、1 个砂仓、2 个备料仓、1 个待检仓）,单个料仓宽 20m,进深 30m,高 2.2m,总体储料能力满足大面积施工要求。储料仓间外墙及隔墙采用 C20 钢筋混凝土浇筑,浇筑高度为 2.5m、宽度为 0.5m（顶增加钢筋梁,箍筋 40cm×40cm）。料仓内地面设置 1% 的单向排水坡,仓外设置排水盲沟。料仓分存料待检区及已检区,并分别设立标识牌予以明示材料名称、规格、生产厂家、进场日期、检验日期、检验状态等内容（图 3-22）。料仓大棚长×宽=100m×69m,檐口高 10m,面积共 6900m²,主立柱为钢管,间距为 6m 立柱在隔墙混凝土浇筑过程中预埋。

图 3-22　料仓及材料标识牌

3.1.3.3　混凝土运输布置

轻型 T 梁浇筑采用"鱼雷罐+布料装置+轨道"实现运输混凝土平面运输及浇筑（图 3-23）。

图 3-23 "鱼雷罐 + 布料装置 + 轨道"混凝土平面运输

鱼雷罐与拌和站下料高度为 5.6m,鱼雷罐具有爬坡功能,鱼雷罐容量为 $3m^3$,布料机容量为 $4m^3$,鱼雷罐直线行驶速度为 $0 \sim 40m/min$。

盖梁以及箱涵平面运输采用罐车运输,料斗起吊、卸料入模。圆管涵生产采用干硬性混凝土,通过搅拌装置直接入模。

为了节约工厂建造成本,保障 T 梁的自动化生产,对预制 T 梁工厂混凝土自动运输与浇筑系统平面与立体空间布局进行优化,提出了一种 T 梁混凝土自动运输与浇筑系统的立体布置方法。混凝土自动运输系统空间布置模型与浇筑系统的空间设置,用于拌和站与厂房区的空间优化设计与合理布局,配合混凝土物料生产、自动运输及浇筑过程。

自动运输与浇筑系统的立体布置如图 3-24 所示。

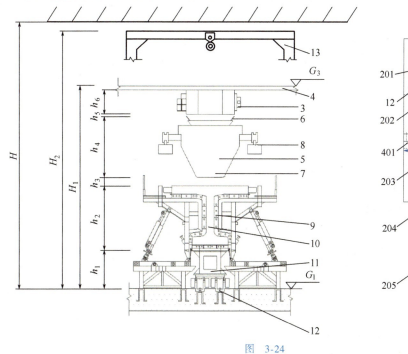
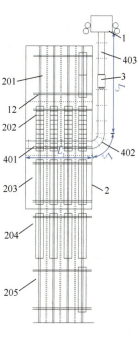

图 3-24

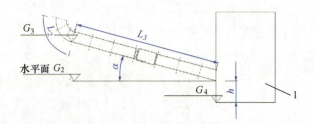

图3-24 自动运输与浇筑系统的立体布置示意图

1-拌和站;2-厂房区;3-鱼雷罐;4-送料机轨道系统;5-布料机;6-上进料口;7-下出料口;8-布料机轨道;9-钢模系统;10-T梁钢筋骨架;11-移运小车;12-地面轨道;13-起吊架;201-钢筋笼绑扎区;202-预制梁浇筑区;203-高温蒸养区;204-张拉区;205-提梁横移区;401-空中横向轨道;402-转向轨道;403-纵向轨道

混凝土自动运输系统空间布置模型参数应满足:

$$\alpha = \frac{G_1 + H_1 - G_4 - h}{L_3} \leq 6° \tag{3-1}$$

式中:α——空中纵向轨道与水平面形成的坡度值;

G_1——地面轨道的高程;

H_1——预制梁浇筑区高度;

G_4——拌和站的地下高程;

h——G_4距离水平面的固定高度;

L_3——空中纵向轨道的长度。

混凝土浇筑系统的厂房区空间高度参数设置应满足:

$$H > H_2 > H_1 \tag{3-2}$$

式中:H——厂房区的高度;

H_1——预制梁浇筑区高度;

H_2——起吊架最大高度。

混凝土自动运输系统和浇筑系统均在厂房区内进行。预制梁浇筑区高度H_1设置应满足:

$$H_1 = h_1 + h_2 + h_3 + h_4 + h_5 + h_6 \tag{3-3}$$

式中:h_1——移运小车高度;

h_2——钢模系统的高度;

h_3——布料机与钢模系统纵向间距;

h_4——布料机的高度;

h_5——鱼雷罐与布料机纵向间距;

h_6——鱼雷罐的高度。

h_3和h_5应满足:$0.2m \leq h_3 \leq 0.6m, h_5 > 0$。

拌和站的地下高程G_4设置满足:

$$G_4 = G_2 - h \tag{3-4}$$

式中:G_2——水平面高程;

h——G_4距离水平面的固定高度;

水平面高程 G_2 设置满足为:

$$G_3 = G_1 + H_1 \tag{3-5}$$

$$G_2 = G_3 - \alpha L_3 \tag{3-6}$$

即

$$G_2 = G_3 - \alpha L_3 = G_1 + H_1 - \alpha L_3 \tag{3-7}$$

式中: G_3——送料机轨道系统的最大高程;

G_1——地面轨道的高程;

H_1——预制梁浇筑区高度;

L_3——空中纵向轨道的长度。

空中纵向轨道属于送料机轨道系统的一部分,为了节省厂房区整体空间大小,鱼雷罐行走的送料机轨道系统为空间三维结构,由空中横向轨道、转向轨道和纵向轨道构成;鱼雷罐最大爬坡角度为6°,最小转弯半径为4m,运行速度v可达到100m/min,具有边转弯边爬坡的功能,不占用地面空间,从而在空间纵向设置与水平面具有一定坡度α的空中纵向轨道和转向轨道,要求$\alpha \leqslant 6°$。针对混凝土的初凝时间,鱼雷罐的整个送料机轨道的路程设置时间t约为1.5min,即满足:

$$t = \frac{L_1 + L_2 + L_3}{v} \leqslant 1.5 \min \tag{3-8}$$

式中: L_1——空中横向轨道的长度;

L_2——转向轨道的长度;

L_3——纵向轨道的长度;

v——鱼雷罐的运行速度。

起吊架属于起重机的一部分,起吊架通过挂钩与绑扎好的预制轻型T梁的钢筋骨架挂接,并通过起重机的运动实现钢筋笼的吊装、移运。

3.1.3.4 轻型T梁预制存放区布置

轻型T梁预制梁区为钢结构厂房,厂房尺寸为54m×120m,共设置5条生产线,如图3-25a)所示。结构形式为0.2m 3%灰土+0.2m 3%灰土+0.2m 3.5%水稳+0.2m C25混凝土,内设2台5t桁架式起重机,底座采用移动式底座,模板为固定式模板,底座下设置轨道,轨道基础采用钢筋混凝土结构,尺寸为0.4m×1m+0.8m×0.4m;鱼雷罐行走轨道固定于钢结构立柱上,高度约为6m位置;蒸汽养生主管沿厂房基础布置,蒸汽养生支管布置位于养生台座旁,长度为25m,共设置5道,每道管道每隔3~5m开设蒸气出气孔。喷淋管道布置于养护区,沿轨道布置,支管根据存梁方向布置,管道均为地埋式。

轻型T梁存梁区布置如图3-25c)所示,结构形式为0.2m 3%灰土+0.1m级配碎石。两个存梁区,每个存放区跨度均为40m,设置两台门式起重机,存放区设置枕梁,枕梁结构尺寸按设计院图纸进行施工。

(1) T梁预制梁区

分为2个生产区,设置5条生产线+2条回路,占地面积约6480m²(54m×120m),如图3-26所示。

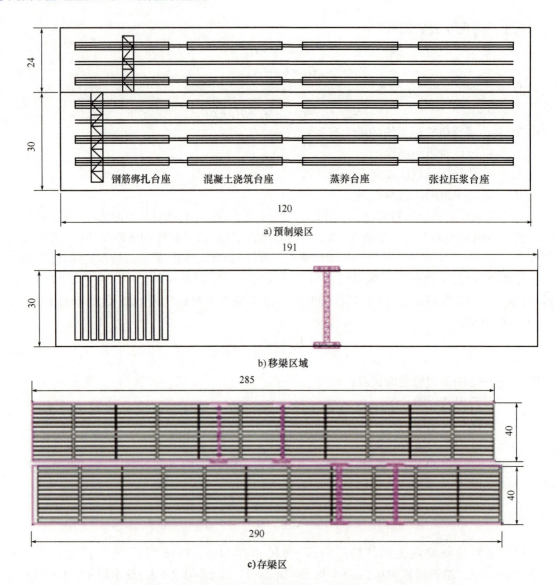

图 3-25　轻型 T 梁预制存放区（尺寸单位：m）

图 3-26　T 梁预制梁区

台座:各条生产线分别布置2个或3个台座。

模板:25m轻型T梁模板采用液压式模板,5条生产线各配置液压式钢模板1套,移动台座4个(其中钢筋绑扎台座1个,混凝土浇筑台座1个,蒸汽养生台座1个,张拉压浆台座1个,后移至喷淋区养生5d)。5条生产线共设置7条轨道,5个用于预制梁生产,2个用于回路循环。15m、20m轻型T梁各设置一套普通钢模板。

"钢模—液压系统"实现了模板安、拆自动化,提高了施工工效。制梁台座和钢筋台座配备钢构厂房(厂房覆盖至张拉、压浆台座后),进行工厂化施工,减少不利天气影响,保证工期和质量。另布置钢筋吊具存放区、钢绞线下料、波纹管存放场等。

(2)T梁存梁区

存放区面积约为289×80=23120m²,如图3-27所示。

台座布置:根据场地大小共布置264个双层存梁底座、可存梁528片。共1952片,存放率达27%。

图3-27　T梁存放区

3.2　智能生产线装备

3.2.1　装备选型

对于装配式轻型T梁智能生产线装备选型,原则上要选择技术先进、经济合理、操作灵活、经久耐用、维修方便、安全可靠、生产高效、污染小且安全适用、备件易采购、易损件使用寿命长的生产设备。

(1)适应性

所选用的设备应与生产及扩大再生产规模相适应,与项目产品方案相适应,以达到发挥其资源优势、降低原材料和能耗、提高产品质量的目的。适应性包括适用性和实用性。在选择设备时,要充分考虑到生产作业的实际需要,所选设备要符合产品特性能够在不同的作业条件下灵活方便的操作。

(2)先进性

先进性主要是指生产设备的先进性,主要体现在自动化程度、环境保护、操作条件等方面。生产设备在满足生产需求的前提下,要求设备技术性能指标保持先进水平,以利于提高产品质量和延长设备技术寿命,提高产品在市场上的竞争能力,但是先进性必须服务于适应性,尤其是实用性,以取得经济效益最大化。

(3)经济性

经济性主要指生产设备价格合理,在使用过程中能耗、维护费用低,并且投资回收期较短。有时候,先进性和低成本会发生冲突,这就需要在充分考虑使用要求的基础上,进行权衡,做出合理选择。

(4)可靠性和安全性

可靠性和安全性是选择生产设备、衡量生产设备好坏的主要因素。可靠性是指生产设备按要求完成规定功能的能力,是生产设备功能在时间上的稳定性和保持性。但可靠性不是越高越好,必须考虑成本问题。安全性要求生产设备在使用过程中保持人身及产品的安全,并且尽可能地不危害到环境(符合环保要求,噪声少,污染小)。

3.2.2 钢筋加工及绑扎设备

新型装配式T梁自动化生产线中,钢筋加工一般引入钢筋数控加工系统,包括智能钢筋自动剪切机、智能斜面式钢筋弯曲机、智能钢筋弯箍机等钢筋数控加工设备。钢筋加工时,应用BIM技术,将钢筋半成品模型导入至钢筋数控加工系统中,设备自动解析钢筋的使用部位、加工数量、加工尺寸、角度等数据,按照导入数据进行钢筋加工,具备高效、精确、安全、节约的优点。郑济铁路原阳、京雄城际等6座预制梁场的工程应用实践表明,钢筋数控加工系统可实现102种型号钢筋的数控自动化加工率达到95%以上,每天可生产3榀箱梁所需的150t钢筋,同时加工人员从36人减少至10人。钢筋数控加工设备及车间如图3-28、图3-29所示。

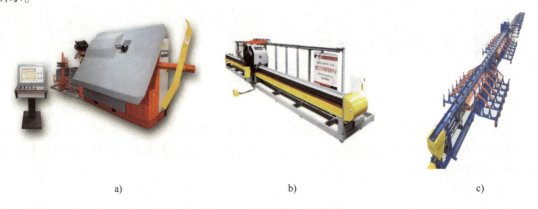

a)   b)   c)

图3-28 钢筋数控加工设备

图 3-29　钢筋数控加工车间

钢筋棒材加工设备包括数控钢筋剪切生产线、数控钢筋弯曲生产线两种设备,主要完成直条螺纹钢的定尺切断和弯曲成型。一般 PC 构件钢筋直径范围为 12~28mm,采用 120t 剪切线和立式弯曲线组合配套方案即可。

如考虑工程其他应用,可采用更大吨位的剪切和弯曲线配套方案。目前,国产剪切线剪切能力可达 300t,弯曲线具备加工直径 50mm HRB400 钢筋的弯曲能力。切断和弯曲控制均采用程序控制,定尺挡板和弯曲主机的位移都采用伺服数控技术,剪切和弯曲全部工作只需要 2~3 人。下料长度精度达到 ±1.5mm,还可根据钢筋连接的需要选择负偏差,实现高精度补偿。

PC 构件厂钢筋加工设备的选型,要满足 PC 构件生产种类、产能、自动化程度的要求。钢筋生产线与 PC 生产线能协调配合,产能略有富余,其自动化程度要与工人素质、施工组织相配套。目前,主要的钢筋加工机械包括:钢筋线材、钢筋棒材、钢筋连接、钢筋焊接等钢筋加工设备。

钢筋线材加工设备主要由全自动数控钢筋弯箍机和全自动数控钢筋调直机组成。主要完成钢筋盘条的开卷调直、定尺切断和箍筋成型,包括大量使用的拉筋、板筋等部品,常用的直径 5~12mm 的盘条,目前加工钢筋的最大直径已达 16mm。

采用高度智能控制,二维码扫描输入技术,每台设备只需一人操作,产能是传统设备的 5~7 倍,采用伺服电机数控技术,使得钢筋尺寸和形状精度非常高,长度可控制在 ±1mm,角度可控制在 ±1°。与钢筋加工管理软件对接,保证钢筋制品的成品率和交工准确率。

目前,已成功研究出钢筋防扭转工艺,解决了盘螺加工纵肋扭转带来的箍筋张口等问题,极大地提高了线材加工设备的适应性和可靠性。以弯箍机为基础衍生出的多功能弯箍机,在箍筋等小构件生产功能基础上,增加了板筋等长构件的加工功能,具备箍筋加工和板筋加工两个功能。但板筋加工为辅助功能,直线度和加工速度有待提高。以调直切断机为基础衍生出的全自动板筋生产线,在高速直条加工功能基础上,把数控弯曲中心功能集成到生产线中,具备直条加工和板筋加工两个功能,可同步进行调直切断和板筋弯曲作业,板筋生产的直线度和速度都能保障。

1) 数控钢筋弯箍机

常用数控钢筋弯箍机的设备性能见表3-2。

数控钢筋弯箍机性能表 表3-2

型号	GGJ13A	GGJ13B	GGJ16A
双根钢筋直径(mm)	5~8	5~10	10~16
最大弯曲速度(°/s)	1250	1400	1400
单根钢筋直径(mm)		5~13	
中心轴直径(mm)		$\phi20$、$\phi25$、$\phi32$(选配:$\phi40$、$\phi50$、$\phi60$)	
弯曲角度(°)		±180	
最大牵引速度(m/min)		110	
主机外形尺寸(长×宽×高)(mm)		3600×1400×2200	

2) 多功能弯箍机

常用多功能弯箍机的设备性能见表3-3。

多功能弯箍机性能表 表3-3

型号	GGJ13-DA	GGJ16-DA
单根钢筋直径(mm)	5~13	10~16
双根钢筋直径(mm)	5~8	8~10
中心轴直径(mm)	20、25、32(选配:40、50、60)	
弯曲角度(°)	±180	
最大牵引速度(m/min)	110	
最大弯曲速度(°/s)	1200	
主机外形尺寸(长×宽×高)(mm)	3526×1260×8300	

3) 钢筋调直切断机

常用钢筋调直切断机的设备性能见表3-4。

钢筋调直切断机性能表 表3-4

型号	GT5/12	GT8/14	GT10/16
钢筋加工直径(mm)	5~12	8~14	10~16
整机功率(kW)	46.5	53.5	62
主机外形尺寸长(mm)	2600×1000×1980	3180×1000×1980	3700×1000×1980
切断定尺长度(mm)		800~1200	
最大牵引速度(m/min)		150	
长度调整方式		手动/自动	
剪切方式		伺服剪切	
速度调整方式		无级调速	
控制方式		可编程控制系统	

4) 全自动板筋生产线

常用全自动板筋生产线的设备性能见表3-5。

全自动板筋机性能表　　　　　表3-5

型号	BJX12	BJX14	BJX16
加工钢筋规格(mm)	5~12	8~14	10~16
加工速度(m/min)	0~120		
弯曲速度(°/s)	0~180		
弯曲短边长度(mm)	100~300		
弯曲长边长度(mm)	2000~12000		
最大弯曲角度(°)	135		
弯曲角度误差(°)	±1		
总功率(kW)	45	50	68
主机外形尺寸(长×宽×高)(mm)	26000×2400×2400	27000×2400×2400	28000×2400×2400

5) 钢筋剪切生产线

常用钢筋剪切生产线的设备性能见表3-6。

钢筋剪切机性能　　　　　表3-6

型号		GQX120	GQX150	GQX300	GQX500
剪切力(kN)		1200	1500	3000	5000
切刀宽度(mm)		100~250	500		
剪切频率(次/min)		≤24	≤14		
剪切长度(mm)		700~1200	1750~12000		
液压系统最大工作压力(MPa)		无	25		
辊道输送速度(m/min)		50	40~90		
原料最大长度(mm)		12000			
剪切数量(根) (σ_b≤650MPa)	ϕ50	—	1	2	3
	ϕ40	1	3	5	6
	ϕ32	2	13	14	14
	ϕ25	4	16	16	16
	ϕ20	6	22	22	22
	ϕ16	8	27	27	27
	ϕ12	12	30	32	32

6) 钢筋弯曲生产线

常用钢筋弯曲生产线的设备性能见表3-7。

钢筋弯曲机性能 表3-7

型号	GWXL2-32A(标准)	GWXL2-32B(加宽型)
外形尺寸(带上料架)(mm)	10000×2090×1460	12760×2090×1460
外形尺寸(不带上料架)(mm)	10000×1145×1050	12760×1145×1050
最大边长尺寸(m)	8.6	11.4
最小短边尺寸(弯曲90°)(mm)	70	
工作电压、频率	380V(1±5%)、50Hz	
总功率(kW)	11.6	
主机最大移动速度(m/s)	0.5~1	
弯曲速度(r/min)	3~10	
最小边长尺寸(mm)	φ10:420;φ32:435	
φ10~25 最大弯曲角度	上弯曲180°下弯曲120°	
φ28~32 最大弯曲角度	上弯曲135°下弯曲90°	
原料台输送速度(m/min)	约7	
原料台承载能力(kg)	2000	
弯曲方向	双向	

加工能力 (HRB400)(根)	φ10	φ12	φ14	φ16	φ18	φ20	φ22	φ25	φ28	φ32
	6	5	4	3	3	2	2	1	1	1

7)钢筋加工设备选用

(1)数控钢筋锯切套丝生产线

根据新型装配式T梁设计图,T梁的最大纵向钢筋尺寸为25mm,箍筋直径为12mm。为保证钢筋加工效率,综合考虑生产经济性,选用了数控钢筋锯切套丝生产线BJX50+BLX50G,如图3-30所示。其主要特点为:

①采用高品质专用钢筋锯切设备,倾斜式切断钢筋结构,速度快、锯缝窄。
②配合生产线运送系统,能够自动完成钢筋夹紧、套丝、打磨,效率高。
③由钢筋定尺挡板和电机驱动测量结构组成,精度高。

图3-30 数控钢筋锯切套丝生产线 BJX50 + BLX50G

数控钢筋锯切套丝生产线 BJX50 + BLX50G 的主要技术参数见表3-8。

数控钢筋锯切套丝生产线 BJX50 + BLX50G 的主要技术参数　　表 3-8

指　标		单位	参　数						
辊道有效宽度		mm	400						
钢筋传递速度		m/min	90						
锯切钢筋长度		mm	800~12000						
长度误差		mm	±2						
升降油缸	缸径	mm	80						
	活塞杆径	mm	40						
	最大行程	mm	260						
夹紧油缸	缸径	mm	60						
	杆径	mm	45						
	最大行程	mm	50						
液压单元	最大工作压力	MPa	20						
	油泵电机功率	kW	0.75						
机器人总功率		kW	48						
工作环境温度		℃	0~40						
工作环境湿度		%	30~85						
套丝钢筋直径		mm	16~32						
锯切钢筋直径		mm	16	20	22	25	28	32	36	40
锯切钢筋数量		根	20	18	17	15	13	10	10	9

(2) MEP 钢筋加工设备

钢筋加工采用意大利 MEP 钢筋加工设备(图 3-31),全自动化钢筋切割和弯曲操作,无需任何手工操作;平均产能 3.5t/h,单线弯曲范围 $\phi 10~28$,双线弯曲范围 $\phi 10~20$,钢筋切断测量误差为 ±1mm/m,具有自动上料、自动对齐、套裁功能。

图 3-31　MEP 钢筋加工设备

(3) 数控焊接机器人

龙门式数控焊接机器人,为自动化控制,主要用于预制 T 梁钢筋骨架焊接,如图 3-32 所示。其特点如下:

图 3-32　龙门式数控焊接机器人

①全部伺服电机驱动,焊接精确,保证焊接质量。
②设备采用智能 PLC 可编程控制,操作简单,功能强大。
③采用两个焊枪同时焊接,焊接速度快。
④钢筋自动夹紧器夹紧,节省人工。

3.2.3　筒式送料机

传统预制混凝土构件生产线(如固定模台生产线)一般采用混凝土搅拌运输车进行混凝土输送。混凝土搅拌运输车是专门从事商品混凝土运输的工具,具有装载运输和搅拌混凝土的双重功能,运送混凝土时进行搅拌,保证混凝土质量,可适当延长运输距离或运送时间。大多由混凝土搅拌装置和专用底盘两部分组成。我国市场上的混凝土搅拌运输车多采用由生产企业制造的二类通用底盘,车上主要装有搅拌筒前后支架、搅拌筒、操纵机构、液压系统、减速机、清洗系统等,如图 3-33 所示。

图 3-33　传统混凝土搅拌运输车

在自动化程度较高的环形生产线中,通常引入筒式送料机(鱼雷罐,图3-34)进行混凝土输送。筒式送料机(鱼雷罐)是将拌和站拌和成的混凝土,通过空中轨道运送到布料机工位的智能型运输设备。其特点是运行平稳,不占用地面空间,地面无线操控,可实现多工位装料和卸料,可转弯和爬坡。筒式送料机主要用于运送混凝土,也可以运送粉状或粒状物料。

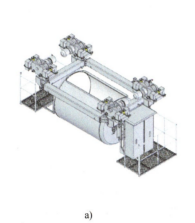 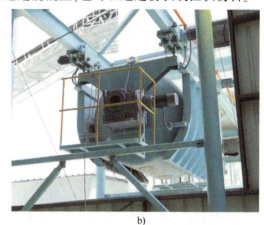

a)　　　　　　　　　　　　　　　　b)

图3-34　筒式送料机(鱼雷罐)

筒式送料机由跑车及夹轮总成、卸料装置、挡料板及仓体总成组成。

(1)跑车及夹轮总成:由电机驱动车轮沿着轨道行走,夹轮装置用来在行走过程中使得行走轮夹紧轨道,保持车体运行平稳。

(2)卸料装置:通过电机驱动转轴旋转,使得料仓旋转180°,倒出物料。

(3)挡料板:用来在卸料过程中挡住外泄物料。

(4)仓体总成:用来装混凝土料的圆柱形罐体,罐体上部开口,通过旋转罐体180°后将内料卸出。

筒式送料机的主要技术参数见表3-9。

送料机技术参数表　　　　　　　　　　表3-9

名　称	单　位	参　数	备　注
轨距	mm	1500	
外形尺寸(长×宽×高)	mm	4312×2658×2068	
容量	m³	3	2个规格
重量	t	4.35	空载
落料时间	s	40	
爬坡度	°	≤6°	(选项)
最小转弯半径 R	m	4	

续上表

名　　称	单　位	参　数	备　注
驱动装置	速度	m/min	100/60	减速电机
	电机功率	kW	2.2	
	驱动电机数量	台	2	水平轨道
翻转装置	输出转速	r/min	1.64	
	输出扭矩	N·m	12400	
	电机功率	kW	2.2	
	电机数量	台	1	

3.2.4 自动布料机

混凝土料斗(图3-35)是传统预制混凝土构件浇筑的常用设备,主要有立式和卧式两种,这两种料斗均由储料斗、开门机构、底座和出料口所组成,其出料口一般用弧形钢板或对开式钢板做门,弧形钢板门卸料不流畅,通常需要人力敲打、振动料斗,或采用振动器使料斗振动才能出料;对开式钢板门密封性差,易漏浆。虽然一些企业对混凝土料斗构造、工艺等采取了改进措施,在预制梁自动化生产线中,仍存在混凝土卸料控制难、对人工依赖性高等问题。

a)　　　　　　　　　　　　　b)

图3-35　混凝土料斗

在自动化程度较高的生产线,混凝土浇筑采用自动布料机进行,如图3-36所示。布料机是一种预制混凝土构件生产线中,把从拌和站送来的混凝土均匀地浇筑在模台上的设备。混凝土布料机具有手动布料和自动布料两种模式,采用由变频调速的星轮下料轴,布料斗用电子称量,对布料放量实现精准控制。下料口的小料门用高压油缸开关分别控制,水平伸缩控制料门开关,下料干净利落,不易卡阻。料门全开可实现超过3m的布料宽度,大大提高了生产效率。

在生产线布置中,布料机主要由布料机本体、布料小车、布料大车和布料大架四部分组成。布料大架为固定式支架,用来支撑布料大车,可根据产线规划要求横跨多个产线,满足布料机在多个工位间移动的要求。布料大车上带有双电机驱动钢轮,可沿横向产线方向在布料大架的轨道上来回移动,实现不同产线间的切换。布料小车与布料机本体连接,布料小车上带有双电机驱动钢轮,可沿布料大车上的轨道移动,布料小车移动方向为模台前进方向,满足沿模台前进方向布料。

布料机在生产线中的布置如图3-37所示。

图3-36 自动布料机

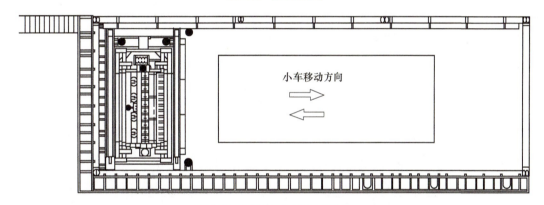

图3-37 布料机在生产线中的布置

布料机本体由行走装置、搅拌装置、下料装置、出料门、布料斗体和升降装置组成。

(1)行走装置:由电机驱动行走主动轮,使布料机在轨道上移动。

(2)搅拌装置:由电机驱动,搅拌混凝土。

(3)下料装置:电机驱动星形轮,定量下料。

(4)出料门:由液压驱动,控制布料宽度。

(5)布料斗体:支撑各个部件并装载混凝土。

(6)升降装置:由液压驱动,控制布料斗升降。

布料机在钢轨上沿模台运动方向水平行走,实现均匀布料。布料斗通过4个压力传感器支承在布料小车上实现动态称量控制;布料斗内上部焊有搅拌棍的空心轴不停转动以保证混凝土良好的流动性;布料斗内下部星形轮根据布料量大小,用变频器调整转速随意控制布料量大小;布料斗底部出料门由高压油缸分别控制,可满足产品不同要求。自动布料机的主要技术参数见表3-10。

自动布料机技术参数表 表3-10

名称		单位	参数	备注
轨距		mm	2700	
外形尺寸		mm	5546×2940×2015	
容量		m³	4	
重量		kg	9000	空载
布料闸口宽度		mm	2840	
布料口数量		个	12	
开门时间		s	3	同时
液压系统	电机功率	kW	15	
	系统压力	MPa	16	
搅拌装置	转速	r/min	17	
	电机功率	kW	7.5	
下料装置	输出功率	kW	13	
	电机功率	kW	18.5	
行走装置	布料行走速度	m/min	20	
	电机功率	kW	1.5	
	电机数量	台	2	
辅助下料	振频	次/min	2850	
	功率	kW	0.25	
	数量	个	1	
布料大车	行走速度	m/min	20	
	电机功率	kW	1.5	
	电机数量	台	2	
升降装置	油缸行程	mm	300	
	油缸缸径	mm	70	

3.2.5 附着式振捣器

附着式振动器,又称平板式振动器,是一台具有振动作用的电动机,在其底面安装了特制底板,工作时底板附着在模板上,振捣器产生的振动波通过底板与模板间接地传给混凝土。根据施工的需要,外部振捣器除附着式外,还有一种振动台,它是用来振捣混凝土预制品。装在模板内的预制品置放在与振捣器连接的台面上,振捣器产生的振动波通过台面与模板传给混凝土预制品。

由于机械所产生的振动作用,可用于混凝土的密实。混凝土振捣器工作时,使混凝土内部颗粒之间的内摩擦力和黏着力急剧减小,混凝土呈重质液体状态。集料相互滑动并重新排列,集料之间的空隙被砂浆填充,气泡被挤出,从而达到捣实效果。

在新型装配式T梁的预制生产过程中,混凝土振捣主要采用紧固件安装在侧模上的附着式振捣器振捣,人工振捣为辅。采用的附着式振捣器如图3-38所示。

图3-38 附着式振捣器

常用附着式振捣器的主要技术参数见表3-11。

常用附着式振捣器技术参数表　　　　　表3-11

型号	ZF9-50	ZF18-50	ZF20-50	ZF55-50	ZF80-50	ZF110-50	ZF150-50
电源	380V、3～50Hz						
功率(kW)	0.09	0.18	0.2	0.55	0.8	1.1	1.5
电流(A)	0.29	0.48	0.5	1.2	1.8	2.35	3.2
振频	50Hz-3000r/min						
振幅(mm)	2.4	2.0/3.2/4.0	6.2	5	5	4.8	4.8
激振力(kN)	1	0.85/1.4/1.7	2.87	5	6	6	9
外形尺寸(mm)	220×148×145	225×175×150	247×160×126	310×220×190	375×240×220	375×240×220	350×280×240
安装尺寸(mm)	120×110	145×90	140×115	180×120	200×180	200×180	230×150
安装螺栓(mm)	M10	M10	M10	M16	M16	M16	M16
质量(kg)	8.5	11	7.3	18	27	27	38

3.2.6 移动台座与液压模板

传统T梁混凝土模板施工时,混凝土浇筑过程中通常现场通过人工将T梁的模板摆放到相应位置,然后再浇筑混凝土,整个混凝土模板的支模和拆模过程由人工操作,这种工作方式效率低、危险性大、模板维护成本高,且混凝土质量控制难以得到保障。全智能控制液压钢模板通过采用PLC模块控制液压自动控制系统和红外测温测距系统,实现了在混凝土浇筑过程中自动走行,外模自动横移、纵移、自动定位,内模自动支拆模等功能,具有模板自动化程度高、整体性能好、绿色环保、能耗少的优势。全智能控制液压钢模板主要由六部分组成:外模及外模台车、内模及内模支架、端模、底模、液压系统和智能控制系统如图3-39所示。智能控制系统通过控制液压系统及走行电机,实现外模自动走行定位,自动调平、自动整体抬升、平移等功能;采用液压系统和走行台车,内模具有水平方向自动撑开、下倒角自动旋转到位和自动走行等功能。

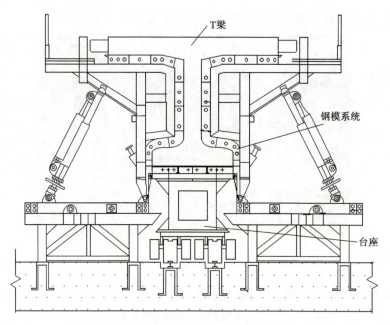

图 3-39 全智能控制液压钢模板结构

智能自动化生产线采用移动台座+固定液压模板的形式,如图 3-40 所示。模板采用底模移动,侧模固定方式,每条生产线配置 1 套侧模、4 套底模。移动台座由底模模板和底模小车组成,通过移动台座变频行走控制系统控制移动,由移动台座信息采集系统定位台座,实现台座移动智能化控制。固定液压模板由模板系统和液压系统组成,单侧模板上部配置脱模油缸,下部配置横移油缸。

a)移动台座

b)液压模板

图 3-40 移动台座+固定液压模板

为适应新型装配式 T 梁智能生产线的生产需求,采用移动式台座作为预制 T 梁的底模等。台座及模板要求见表 3-12。

模板须进行设计计算,保证必要的强度、刚度和稳定性,确保轻型 T 梁各部形状、尺寸符合设计要求。内模定位准确、牢固,不得有错位、上浮、胀模等现象,面板变形一般不超过 20mm。外模板挠度为模板结构跨度的 1/400。

台座及模板要求　　　　　　　　　　　　　表 3-12

名　称	单位	数量	设备要求
移动台座	套	20	包含台座钢结构、走行轮组、电机
小车变频走行控制系统	套	1	1 个车间配置 1 套系统,同时控制 1 条生产线的 5 个台座单独移动
QU70 轨道	m	2300	5 条线 +2 条回路 +4 条横移轨道
25m 液压固定外模	套	5	整体脱模和合模、含端模
液压系统	套	5	每套有 2 个泵站系统,左右独立控制
智能脱模控制系统	套	1	1 个车间配置 1 套系统,同时,只能控制 1 条生产线的模板

3.2.7　蒸养室

由于预制混凝土轻型 T 梁需养护至设计要求后方能进行预应力张拉,因此混凝土喷淋养护所需时间较长,养护龄期一般为 7d,养护时间占整体制梁时间的 2/3 以上,在预制梁中将会极大制约生产周期。因此,大规模自动化预制宜采用蒸汽养护技术,大幅减少养护时间,缩短制梁周期。

1) 固定蒸养室

以巴马至田东高速公路智慧梁场为例,其采用固定蒸养室(图 3-41)进行预制混凝土梁养护,由轻型钢结构和保温棉组成,室内设置蒸汽发生器、梁温度测试仪、压力表、液压门,通过监控养护室内预制梁的温度,控制蒸汽发生器释放蒸汽的温度,实现有针对性的养护。与固定模台式流水线中采用的移动蒸养棚相比,固定蒸养室更容易做到密闭,热量损失小,成本更容易控制;同时采用智能蒸养控制系统,减少人为影响,有效控制预制梁的蒸养温度、湿度和养护时间,减少养护时间,保证了混凝土养护质量。保利长大湛江环城高速 TJ3 标预制厂的经验表明,环形生产线采用智能变温蒸养控制系统,通过蒸汽总控设定蒸养程序,通过温度、湿度传感器采集蒸养室内温度、湿度数据,根据采集到的数据对蒸汽补给量进行调整,确保预制梁处在恒温、恒湿养生状态。预制梁经过 20h 蒸汽养生即可达到张拉强度要求。

图 3-41　固定蒸养室

为保证新型装配式 T 梁的预制生产效率,应采用蒸汽养生设备进行养护。蒸汽养生设备主要由天然气锅炉、蒸养箱、蒸汽管道及控制系统组成。

2) 天然气锅炉容量计算

计算过程如下:

(1) 蒸养能耗测算指标:

① 设定室温 20℃,蒸养温度 60℃;

② 蒸发 1t 水需热量 64 万 kcal;

③ 1m³ 天然气燃烧释放热量 8200kcal;即蒸发 1t 水需 78m³ 天然气;

④ 混凝土比热容为 0.92kJ/(kg·K);1kcal=4.18kJ;

⑤ 一榀 25m 轻型 T 梁质量为 23.5m³×2600kg/m³=61100kg。

(2) 一榀 25m 新型装配式 T 梁从 20℃ 升温至 60℃,需热量 61100kg×(60℃-20℃)×0.92kJ/(kg·K)÷4.18kJ/kcal=53.79 万 kcal。

(3) 锅炉容积计算:

① 根据蒸汽养生工艺及蒸养升温速率不大于 15℃/h,设定 3h 把梁体从 20℃ 升温至 60℃。

② 环形生产线每天生产 5 榀 T 梁,考虑最不利工况下全部梁体同时处于升温过程,同时处于升温过程的梁体设定为 5 榀。

③ 每小时需热量:53.79 万 kcal×5 榀÷3h=89.65 万 kcal/h;因蒸发 1t 水=释放热量 64 万 kcal,即每小时需蒸发水量为 89.65 万 kcal÷64 万 kcal/t=1.4t。

④ 升温过程以外的保温梁板需要热量暂定为升温梁板的 20%,蒸养锅炉热效率 80%。则每小时需蒸发水量为 1.4t÷80%×(1+20%)=2.1t,即:至少需要蒸发量为 2.1t/h 的锅炉(注:2.1t 锅炉即每小时蒸发量为 2.1t 水)。

因此,选定锅炉容量为 3t。在预制区配备一套蒸汽量 3t/h 燃气锅炉,通过管道向预制区输送养生蒸汽。

为满足新型装配式 T 梁的养护需求,宜选用的保温蒸养箱尺寸为 30m×3.5m×3.8m。蒸汽管道布置为:蒸养箱两边各一条,蒸汽出口离地高度 1.3m,蒸汽出口间距 1m,靠近蒸养箱壁布置。此外,还宜选用智能养护控制系统,用于控制全部蒸养室。

3.2.8　自动喷淋

混凝土浇筑完成形成构件后,养护是一项重要工作。喷淋养护是一种常见的混凝土构件养护方法,预制梁板自动喷淋系统是实现预制厂规模化标准化生产、加快桥梁施工周期的关键技术之一。梁场自动喷淋系统通过对预制区给水管道进行预先规划设计,在梁底预埋给水管道和伸缩旋转喷头,向自动喷淋储水罐供水,达到预制 T 梁的养护目的。水罐采用自动供水,开启自动开关,向梁体喷洒水雾,实现有效养护,提高其质量。

智能自动喷淋设备近年来已在一些桥梁工程中得到应用。2018 年,新建太原至焦作铁路晋中特大桥工程,利用新设备、新工艺,开发了桥梁工程成套自动喷淋养护工艺。其预制梁场在每个存梁区靠近制梁台座的 3 个存梁位设置了自动喷淋养护区域,能够同时满足 28 榀预制梁、每榀梁喷淋养护时间不少于 14d 的养护需求,如图 3-42 所示。

图 3-42 智能自动喷淋系统

3.2.9 预应力张拉及自动压浆系统

1) 预应力张拉系统

预应力张拉的信息化与智能化能够克服传统油压表读数精度低、读数缓慢等缺陷,提升预应力张拉控制精度。预应力自动张拉系统包含预应力自动同步张拉设备及其计算机控制系统,主要由预应力智能张拉仪、智能千斤顶、自带无线网卡的笔记本电脑、高压油管等组成。

采用预应力同步自动张拉施工技术,变人工操作为机械自动控制,设备操作一键启动,实现预应力张拉、持荷、锚固全过程自动控制功能,自动测量、同步控制、数据准确、及时校核,实现张拉力与张拉伸长值的双重同步控制,预应力钢绞线实际应力控制精确、误差小;计算机实时获取千斤顶油压、伸缩位移信息等数据,并实时传输至控制器进行分析,监测两端千斤顶张拉力是否平衡;实现多顶同步张拉,减少施工周期,提高工作效率,同时减少人工投入(1 孔T 梁只需配置 5~6 人);张拉过程数字信息化,所有数据自动采集传送到计算机,并智能分析处理数据,异常时自动停机并报警,具有自动校核功能,提高控制精度,保证预施应力效果,同步自动张拉施工;改变传统的质量管理模式,实现远程监控,全过程系统自动运作,施工规范,张拉报表自动生成,数据真实、准确,便于质量管理、质量追溯,提高管理水平。自动张拉系统如图 3-43 所示。

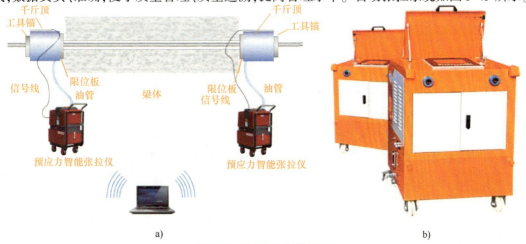

a)　　　　　　　　　　　　　　　　b)

图 3-43 预应力自动张拉系统

宜采用智能张拉设备进行新型装配式 T 梁预应力钢束的张拉,智能张拉设备的主要技术指标见表 3-13。

智能张拉设备技术指标　　　　表 3-13

项　　目	技术指标
系统张拉力精度	1%FS
数控液压泵站工作电压	380V,50Hz
工作环境温度	-10～70℃
额定工作压力	50MPa
泵站额定流量	2L/min
压力传感器精度	0.25%FS
压力传感器量程	0～60MPa
位移传感器精度	0.05%FS 单顶有效行程200mm

2) 自动压浆系统

预应力管道自动压浆系统主要由制浆设备、抽真空设备、压浆设备、辅助设备四大硬件部分和控制系统及数据系统组成。制浆设备具备自动上料、称量配料、高速制浆、低速储浆功能;辅助设备部分能够实现压浆系统的自我诊断、自我保护、报警预警、自清洗、断电保护和续点工作以及环保除尘的功能;数据系统实现自动压浆施工的信息化管理,包含数据存储、数据查看、数据分析统计、图表展示、数据传输等内容;控制系统通过可编程控制模块和程序,实现对自动压浆系统的整体控制和协同工作、现场人机交互和远程管理,是压浆施工操作和管理自动化、信息化、网络化的核心和中枢。

压浆设备通过计算机智能控制,有效保证孔道内浆体饱满和密实,确保压浆质量。在压浆设备上配置吸尘集尘装置,有效减少粉尘排放,改善工人作业环境。自动压浆设备如图 3-44 所示。

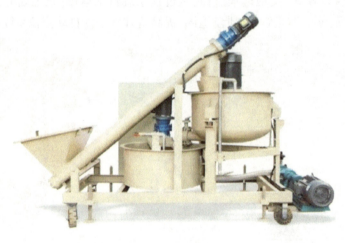

图 3-44　自动压浆设备

智能制浆压浆系统主要由控制部分、自动上水上料部分、高速搅拌部分、低速搅拌部分、压浆部分、抽真空部分、清洗部分等组成。将自动上水上料、精准称重、定时搅拌、双柱塞压浆、抽真空的功能装备集成一体,能够一键化操作,自动精准完成上水上料、搅拌、抽真空、压浆和保压等整个施工过程,节省人工,并对施工过程进行实时界示和记录,其关键技术参数见表3-14。

智能压浆设备技术指标 表3-14

系统名称	技术参数			
高速搅拌系统	电机功率	高速4kW	搅拌转速	高速1400r/min
		低速3kW		低速143r/min
	最大搅拌质量	400kg	称重误差	<1%
低速储浆桶	电机功率	3kW	搅拌转速	45r/min
	最大搅拌质量	750kg		
压浆系统	灰浆输送量	9m³/h	工作压力	2MPa
	出浆口胶管直径	25mm(1in)	电机功率	5.5kW
抽真空系统	极限真空	-0.097MPa	电机功率	2.35kW
	最大抽气量	80m³/h		

3.2.10 配套设施

3.2.10.1 横移摆渡车

摆渡车是一种PC构件自动化生产线中,将模台从一条生产线转移到另一条生产线的设备。上海电气研砼重工科技有限公司研发设计的摆渡车采用机、电、液一体化设计,具有体积小、载重量大、运行平稳、噪声低、速度可调、自动化、智能化等特点。摆渡车车体采用分体式结构,2个单体结构同步、同向运动,实现模台和构件在产品线之间移动,车身带有自动探测精确定位系统,定位精度在3mm以内,如图3-45所示。

横移摆渡车的主要技术参数见表3-15。

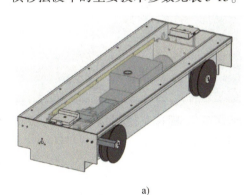

a)

b)

图 3-45

c)

图 3-45 摆渡车

摆渡车技术参数表　　　　　　　　　　　　表 3-15

名　称		单　位	参　数	备　注
轨距		mm	710	
外形尺寸		mm	2574×860×400	
质量		kg	1000	
车轮总成	行走速度	m/min	12.7	减速电机
	电机功率	kW	1.8	
	是否伺服		是	
升降装置	行程	mm	150	
	升降速度	m/min	0.6	
	顶升力	kN	250	
油泵装置	驱动电机	kW	5.5	
	数量	个	2	
	排量	cc/r	4.7	
	压力	MPa	16	
	油箱容积	L	50	

两个车间共享 1 对摆渡车。1 对摆渡车含 2 台横移车，横移车使用蓄电池供电；2 台横移车共用 1 部遥控器控制。蓄电池充一次电可以使用 80min。

3.2.10.2　移运梁设备

梁体在制梁台座上完成预应力张拉工作后，即可通过移、运设备搬运至存梁区。梁体在预制厂内的运输主要有搬运机搬运和移梁小车移运两种形式，如图 3-46 所示。搬运机具有机动灵活、节约占地面积的优点,可实现双层存梁,但设备购置费用高,使用、维修、保养、进出场费用大,施工中对设备依赖程度高。移梁小车在生产中的机动灵活性较差,施工中对设备的依赖性显著降低,使用、维护、保养费用低,但其基础处理费用大,不能实现双层存梁。

a) 搬运机

b) 移梁小车

图 3-46 移运梁设备

搬运机采用四点起吊三点平衡技术,满足了梁体移运过程中的技术要求,台座的排列方式灵活、存梁方式灵活,可采用单层和双层,工序简捷操作方便。适用于预制厂规模大、工期紧、要求预制速度快或梁场布局受场地限制等情况。

移梁小车通过刚性台车和柔性台车完成了四点起运三点平衡技术,满足移梁的技术要求,采用移梁小车时,台座排列方式受移梁方式影响较大,只能采用单层存梁;移梁小车体积小、质量轻、设备简洁,依次投入的机械设备费用少,采用移梁小车不能省去装车用提梁门式起重机。适用于地质条件好、预制厂地规模相对较小,场地开阔地区。

3.3 多机联动策略

3.3.1 设备状态监测

3.3.1.1 物料综合管理监测

对地磅系统改造,利用无人值守地磅称重系统计算机技术、物联网技术、红外技术、视频技术对物资材料过磅数据进行每磅采集,材料在系统中自动入库,库存不足自动预警,实现库存物资盘点报表的导出。可对物资原材料进场量、原材料出场量、原材料消耗量进行对比展示分析。

物料综合管理系统逻辑如图 3-47 所示。

3.3.1.2 实验室管理监测

实验室占地面积约 780m², 共 14 间,内设办公室、集料室、取样留样室、现场室、混凝土室、力学室、标养室、水泥室。

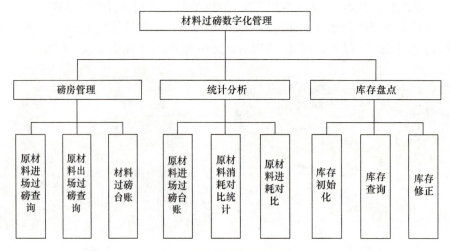

图 3-47　物料综合管理系统逻辑

建立实验室信息化管理系统,覆盖实验室日常管理的各个环节,确保实验室每项工作处于受控状态,实现历史试验过程可追溯、试验各环节数据信息可查询。

基于物联网检测设备自动采集相关试验数据,主要包括钢筋抗拉强度、钢材拉伸、焊接、冷弯、屈服强度,水泥的胶砂强度,水泥混凝土抗压强度,砂浆抗压强度,钢筋保护层厚度等参数。

为减少试验过程中人为干预,保证试验检测数据的真实性,实验室配置了自动采集物联网设备,主要包括微机控制电液伺服万能材料试验机、微机控制电液伺服万能试验机、微机控制电液伺服压力试验机、微机控制电液伺服抗折抗压试验机、智能回弹仪设备、钢筋保护层厚度测定仪等设备,满足试验数据自动上传至管理平台的功能,如图 3-48 所示。

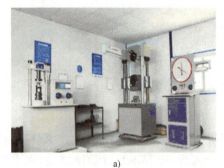

a)　　　　　　　　　　　　　　　　b)

图 3-48　基于物联网的试验设备

3.3.1.3　预制生产线监控管理

(1) 水泥混凝土拌和站智能管控

对水泥混凝土的配合比、拌和时间等关键参数进行采集,对异常情况进行实时预警。该系统主要包含数据采集终端、中心服务器、PC 客户端、移动终端等。通过混凝土拌和站数据采集终端采集计量数据、集配数据、时间数据,通过 5G 网络等数据网络传输至中心服务器,可通过 PC 客户端对数据进行实时监控和数据查询,也可通过移动终端进行短信预警、消息推送和数据查询等,如图 3-49 所示。

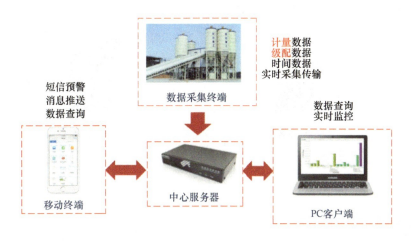

图 3-49　水泥混凝土拌和站智能管控

(2) 鱼雷罐运输及布料器浇筑监控

通过布置在鱼雷罐和布料机上的传感器,在鱼雷罐运输、布料机浇筑过程中对混凝土布料数据进行采集,主要监测的参数包括:接料时间、放料时间、放料时长、放料生产线、放料位置、放料方量等。

通过鱼雷罐的自动接料,自动放料进入布料器,布料器自动运行到对应的位置浇筑,实现新型装配式 T 梁的智能浇筑。

(3) 振捣监测

对附着式振捣器的振捣特性进行监测,主要监测参数包括:振捣开始时间、振捣结束时间、振捣频率、振捣时长、振幅等。

(4) 蒸养监测

智能蒸汽养护监控系统主要由养护罩、锅炉、蒸养管道、温湿度传感器、温湿度控制系统组成。蒸养监控系统针对蒸养时长、温度、湿度、升降温速率等关键参数进行监控、分析及预警,可生成构件养生的台账记录,分析构件养生质量,实现预应力构件养生全周期智能化监管。

(5) 张拉监测

张拉监测系统主要包含预应力自动同步张拉设备及其计算机控制系统,主要由预应力智能张拉仪、智能千斤顶、自带无线网卡的笔记本电脑、高压油管等组成,如图 3-50 所示。通过自动控制张拉应力、加载速率、停顿点、持荷时间等要素,自动采集并校核伸长值误差,实现预应力钢束的智能张拉。

(6) 压浆监测

压浆监测系统详见 3.2.9 节自动压浆系统介绍,此处不再赘述。

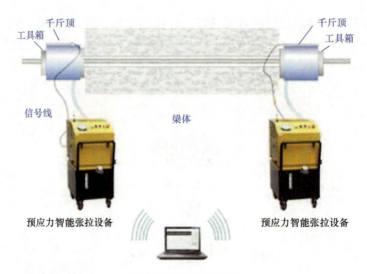

图 3-50　智能张拉系统

(7) 预制构件三维激光扫描

实现对预制构件、模板的三维扫描,进行几何尺寸标准化检测,快速识别预制构件的标准化尺寸、预制模板的变形情况,实现构件与模板的几何尺寸的精准测量控制,并实现测量数据的统计、分析、查询、汇总等相应功能。通过配备专业软件应用于三维点云数据预处理,快速简单地生成全彩高质量数据。

(8) 喷淋监测

喷淋监测系统主要由温度计、湿度计、喷淋控制系统等组成。利用智能养生可以实时、精确监控温湿度,根据环境温度、干湿度自动调节喷淋量进行养护,有效节约用水量,并且养护数据可采集、记录。可采集参数有梁号、设备编号、设备状态、温度、湿度、时间间隔、养护次数。

(9) 预制构件信息追踪

轻型T梁养生期满后,通过门式起重机移至存放区,并喷印二维码,二维码信息、芯片信息与平台信息一致(图 3-51)。

图 3-51　预制构件信息追踪二维码

3.3.2 设备联动技术

设备联动技术实现工序切换联动,双核验,各个设备对前一道工序终止有个预设状态,机器到达设计工位后,进一步确认,然后启动。下面针对人工无法识别的问题开展专项联动研究。

以混凝土布料机与振动联动为例,附着式振捣器在构件预制过程中,可以促进混凝土流动,排出内部空气,有效减少人工,是工厂化预制的常用方法。但是在实际生产中,混凝土浇筑时,混凝土在模板内分布不均匀,振捣器往往不能分区振捣。这就导致存在漏振和空振的现象,影响混凝土成型的质量。为解决混凝土振捣过程中由于施工和人为因素对混凝土结构产生的质量问题,提出了一种可自动识别混凝土分布的分区振捣技术,使预制梁厂标准化作业取代现场振捣作业。浇筑重量感应的分区振动,可以精确分辨混凝土在模板中的分布状态,自动驱动对应分区的振捣器开始振捣,可以有效避免漏振和空振现象。

通过反力传感器判断混凝土在模板中的分布状态,从而定向地开启分区振捣器。

自动识别混凝土分布的分区振捣方法主要通过混凝土、浇筑模板、附着式振捣器、浇筑台座、反力传感器等设备实现。附着式振捣器安装在模板外表面,具有程控开关,可根据程序设置开启、关闭,并能调节振动频率和振动时间。反力传感器预埋在浇筑台座中,可以测量其所在区域台座所承受的重量。反力传感器,当测量数据发生变化时会根据反力信息计算出此时测点上方混凝土分布,如果该位置高度与振捣器位置重合就驱动该位置振捣器振动。

重量和混凝土分布的关系,通过仿真分析和神经网络方法确定。

由于混凝土在模板中的分布是一种随机状态,无法给出一个解析解。因此,可以建立一个傅里叶级数描述的二维分布函数。

$$f(x) = \frac{a_0}{2} + \sum_{n=1}^{\infty} \left[a_n \cos\left(\frac{2\pi nx}{T}\right) + b_n \sin\left(\frac{2\pi nx}{T}\right) \right] \tag{3-9}$$

$$a_n = \frac{2}{T} \int_{x_0}^{x_0+T} f(x) \cos(n\omega x) \, dx \tag{3-10}$$

$$b_n = \frac{2}{T} \int_{x_0}^{x_0+T} f(x) \sin(n\omega x) \, dx \tag{3-11}$$

式中:x——自变量,为纵向距离;

a_0——常系数;

a_n、b_n——实频率分量的振幅;

ω——角频率;

T——周期。

将确定参数的混凝土分布函数$f(x)$转化为均布荷载施加到有限元模型,可以计算出指定位置的支撑反力。

$$\begin{aligned} g_1 &= F_1\left(f(a_0,a_n,b_n),x_1\right) \\ g_2 &= F_2\left(f(a_0,a_n,b_n),x_2\right) \\ &\cdots \\ g_n &= F_n\left(f(a_0,a_n,b_n),x_n\right) \end{aligned} \tag{3-12}$$

式中：$f(a_0, a_n, b_n)$——用参数为 a_0、a_n、b_n 的傅里叶级数描述的分布函数；

$g_1, g_2, \cdots, g_n$——不同位置处反力值；

$x_1, x_2, \cdots, x_n$——指定位置。

通过反复多次计算不同参数下的台座反力值。利用 BP 神经网络的各类函数在 Matlab 程序中进行大量练习，以有限元计算的台座反力作为人工神经网络模型的输入数据，以描述参数 a_0、a_n、b_n 为输出数据，随机选取 n 组作为预测样本，其余组作为训练样本。最终训练出一个通过给出指定位置和该位置处反力值就能预测混凝土分布的神经网络函数 K。

$$f(a_0, a_n, b_n) = K(g_1, g_2, \cdots, g_n; x_1, x_2, \cdots, x_n) \tag{3-13}$$

该函数可作为附着式振捣器振动的依据，当反力传感器将测量数据反馈给程序后，可根据该函数计算此时混凝土分布状态，分区开启附着式振捣器。基于浇筑重量感应自动识别混凝土分布的分区振捣的原理，如图 3-52 所示。

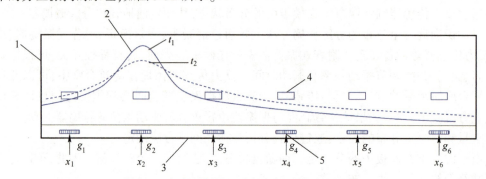

图 3-52　自动识别混凝土分布的分区振捣方法原理
1-模板；2-混凝土；3-台座；4-附着式振捣器；5-反力传感器

3.4　多样产品兼容生产支撑技术

智能预制工厂中除轻型 T 梁外，还兼容生产其他预制构件，例如管涵、箱涵等预制构件，以及盖梁、桥面板等桥梁结构构件。其他构件的预制生产工艺流程与轻型 T 梁的大致相同，其中预制模板、振捣方式及蒸养制度参数等需根据相应生产构件进行调整，但不影响工厂整体运作生产效率。可以实现产品多元化生产，以适应市场需求，提高自动化智能预制工厂的效益。

3.4.1　通道预制构件

预制管涵构件内径为 1.5m，节段长 2m，管壁厚 16cm。箱涵涵洞主要有 2.5m×2.5m、6.0m×3.5m、6.0m×4.0m 三种类型，拱形涵洞构件主要为 3.0m×2.5m、4.0m×3.2m、4.0m×4.0m、6.0m×3.5m；箱涵分为明涵、暗涵两种，节段长度为 3m 及 1m，拱涵节段长度分为 3m 及 1m，见表 3-16。

预制管涵采用悬辊制管机，生产工艺流程为：干硬性混凝土搅拌→混凝土运输→开动制管机主电机→调整转速为 500r/min→喂料→辊压→逐渐调整转速到 1200r/min→缓慢减速→停机→吊出管模→蒸汽养护→拆模→喷淋养生。

箱涵与拱涵主要尺寸及数量　　　　　　　　　　表3-16

涵洞名称	结构内孔尺寸(m)	每个节段长度(m)	总节数(节)	总长度(m)
箱涵	2.5×2.5(暗)	3	117	351
		1	31	31
	2.5×2.5(明)	3	67	201
		1	43	43
	6×3.5(暗)	3	21	63
		1	6	6
	6×3.5(明)	3	333	999
		1	83	83
	6×4(暗)	3	81	243
		1	11	11
	6×4(明)	3	179	537
		1	49	49
	合计	—	1021	2617
拱涵	3×2.5	3	230	690
	4×3.2	3	10	30
	4×4	3	33	99
	6×3.5	3	42	126
	合计	—	315	945

3.4.2　桥梁预制构件

预制盖梁作为桥梁预制构件一种,类型主要为 A-2、B-2、C-2、C-3、C-4、D-4、E-2,见表3-17。每一类型的结构如图 3-53 所示。

预制盖梁尺寸及数量　　　　　　　　　　表3-17

序号	盖梁类型	规格			工程数量(个)
		长(mm)	宽(mm)	高(mm)	
1	A-2、B-2	4800	1900	1200	40
2	C-2、C-4	4800	1900	1400	724
3	C-3	4800	1900	1400	74
4	D-4	1800	1800	1000	190
5	E-2	5700	1900	1500	28
6	桩板式路基盖梁	700	700	400	174

预制盖梁生产工艺流程如图 3-54 所示。

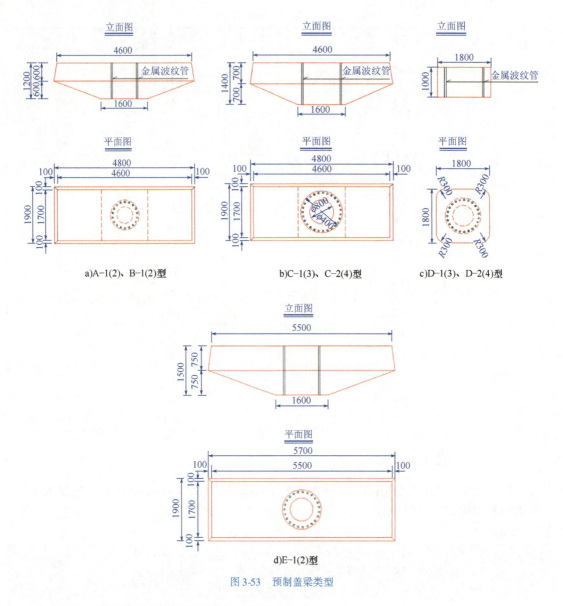

图 3-53 预制盖梁类型

3.4.3 先张法预应力预制 Π 梁

先张法预应力 Π 梁预制，边板翼缘板宽为 3.185m、中板翼缘板宽为 3.17m；主梁梁高为 0.75m、肋宽为 0.3m；梁板采用宽度为 0.3m、带托板的湿接缝连接，在翼缘板悬臂端部设置托板。预制 Π 板顶底面均为水平预制（无纵横坡），管桩顶面也为水平状态（无纵横坡），桥面横坡通过管桩高程及预制盖梁与管桩连接处的底面横坡实现。

先张法预应力预制 Π 梁采用定型钢模、专业班组集中预制；Π 梁预制厂采用 2 台 10t 门式起重机负责安拆模、混凝土浇筑，1 台 40t 门式起重机负责梁板场内梁板的移运、存放。混凝土采用拌和站集中拌制，搅拌运输车运至现场，10t 门式起重机配合吊罐浇筑入模，现场采用人工振捣棒振捣。其施工工艺流程如图 3-55 所示。

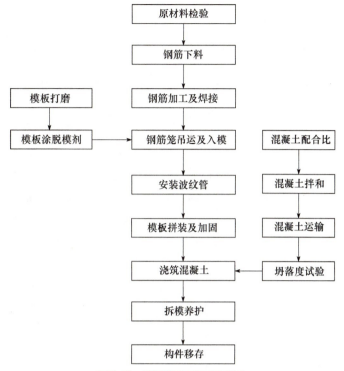

图 3-54 预制盖梁生产工艺流程

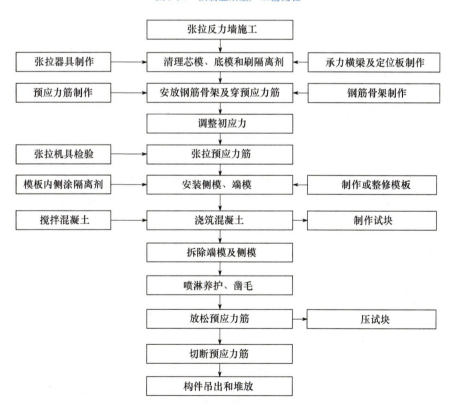

图 3-55 先张法预制 T 梁施工工艺流程

3.4.4 小型预制构件

防护及排水小型预制构件包含拱形护坡、六棱块、检修道踏步、边沟、排水沟等，见表3-18。

小型预制构件 表3-18

序号	构件名称	型号	数量(个)	混凝土强度等级	混凝土方量(m³)	钢筋质量(kg)
1	拱形护坡	1号预制块	90543	C30	1920	—
		2号预制块	30198	C30	462	—
		3号预制块	30198	C30	471	—
		4号预制块	15111	C30	317	—
		5号预制块	98264	C30	1818	—
		6号预制块	22311	C30	279	—
2	人行踏步	预制块A	1790	C30	57.28	—
		预制块B	1614	C30	12.91	—
		预制块C	3228	C30	18.59	—
3	箱体护角	—	15228	C30	8106.17	659453.24
4	盖板边沟	Ⅱ-1	5244	C30	331.63	27644.52
5	检查井	盖板	402	C30	49.48	1143.54
6	截水沟	A型	3978	C30	412.57	—
		B型	2238	C30	67.14	—
7	跌水	—	292	C30	657.86	—
8	路堑边沟	Ⅱ-1	54420	C30	3861.05	331464.26
		Ⅱ-2	343	C30	20.69	1808.6
9	路堤边沟	Ⅰ-1	108549	C30	9708.19	—
		Ⅰ-2	6281	C30	561.75	—
10	锥坡	六菱块	511757	C20	2993.60	—
11	桥头满铺	六菱块	136858	C30	1027.58	—
12	浸水护坡	六菱块	440245	C30	4957.10	—
13	拦水坝	—	28779	C30	324.13	—
14	改沟	改沟Ⅰ-1	2550	C30	4225.96	
		Ⅰ号板	596180	C30		
		Ⅱ号板	143682	C30		
		Ⅲ号板	1067	C30		
15	集水槽	—	7472	C30	691.16	—
16	集水井	—	—	—	3.23	1946.22
17	横向排水管	—	—	—	3.83	—
18	土路肩	—	22018	C30	754.42	—
	合计		—	—	44113.32	1023460.38

小型预制构件生产工艺流程如图 3-56 所示。

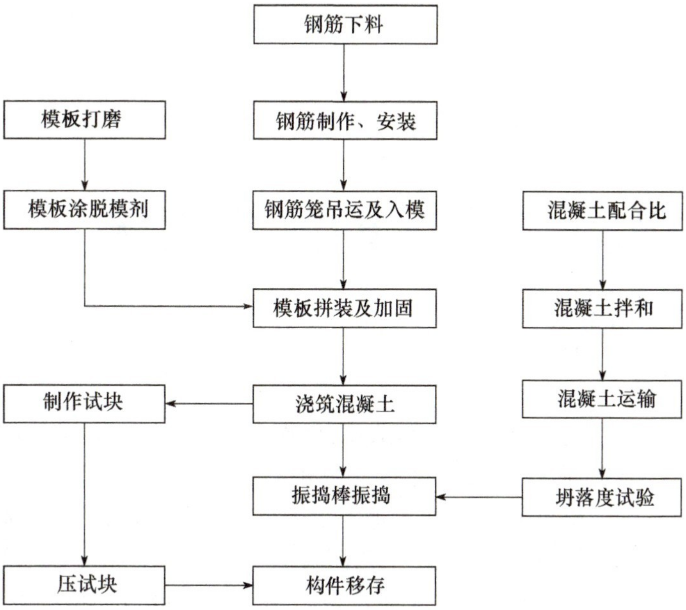

图 3-56　小型预制构件生产工艺流程

3.5　本章小结

本章主要针对新型装配式 T 梁智能生产线及装备展开研究,给出了智能生产线选型、总体布置方案,并提出了配套设备的多机联动策略。

(1)对比分析了新型装配式 T 梁对各类生产线模式的适应性,建议在其生产智能生产过程中采用环形生产线布置模式;完成了生产线功能区的划分,并对厂房内各功能区进行了合理布置。

(2)根据提出的智能生产线布置形式并结合新型装配式 T 梁的生产逻辑,合理选择了各生产工序的配套装备,实现了新型装配式 T 梁工业化制造智能装备的合理布置。

(3)基于物联网技术、红外技术、视频技术完成了地磅称重数据的无人值守采集,实现了对物料的综合管理与监测;通过物联网技术自动采集了检测设备相关试验数据,减少了试验过程中的人为干预,实现了对试验过程的智能管理与监控;通过监控各个施工阶段中设备状态及预制构件生产状况,实现了新型装配式 T 梁预制生产线的智能监控与高效管理。

(4)针对混凝土布料机与振动设备,提出了新型 T 梁工厂化智能制造生产线设备联动技术;基于混凝土浇筑重量感应精准识别其分布状态,通过分区振捣方式实现了混凝土布料机与振动设备的联动控制。

第 4 章
CHAPTER 4

装配式混凝土T梁智能生产工艺及质量控制技术

公路桥梁建造技术在近年已取得不错成就,然而在整体建造过程中,预制桥涵等一般以多点、临时建造等情况出现,项目信息化、自动化应用程度低,未能形成智能化生产工艺以及整体长远的规划布局。本项目根据所采用的工业化建造智能成套设备技术,形成新型装配式T梁智能生产工艺,基于先进识别设备对生产工艺流程的生产质量进行实时监控与管理。该技术实现了智能化生产与信息化管理,推动交通建设工程转型升级与可持续发展,满足"安全、高效、优质、智能"的发展要求。

4.1 生产流程及节拍控制

4.1.1 智能生产技术特征概述

"工厂化智能生产工艺"主要从各生产环节与整体工序流程出发,进行自动化生产流水线施工,形成装配式轻型T梁工厂化智能生产工艺的成套技术。该技术主要包括智能机器人钢筋加工技术、混凝土标准线运和浇筑技术、构件预制自动化流水线技术和智能控制数据化系统四个部分。

(1) 智能机器人钢筋加工技术

采用钢筋设备及数控焊接机器人,完全自动化钢筋切割和弯曲操作,构思完整的生产周期,实行全自动化。

(2) 混凝土标准线运和浇筑技术

主要包括鱼雷罐运输混凝土子系统、布料机浇筑混凝土子系统。整条线路进行标准化轨道布设,拌和站完成混凝土制作与搅拌后,以鱼雷罐方式经运输轨道将混凝土运输到预制梁浇筑区上方的布料机中,然后通过布料机对预制构件进行混凝土浇筑。

(3) 构件预制自动化流水线技术

布设多条平行生产线,每条生产线设置多个工作位区,平行移动台车可对移动台座进行平行生产线之间的调节。单一生产线技术主要包括移动钢台座、固定位液压钢侧模、混凝土振捣器、高温蒸养室和自动喷淋养护等技术。钢筋加工完成后,用门式起重机起吊至停留在移动钢台座上,然后钢台座移动至液压钢侧模区域,钢侧模闭合及顶面钢筋完成安装后,由布料机进行混凝土浇筑,浇筑过程中附着于液压钢侧模外侧混凝土振捣器进行振捣,梁板浇筑完成达到规定条件后,开启液压钢侧模,移动钢台座移动至高温蒸养棚,后续完成张拉压浆、喷淋养护、存放等工作。

（4）智能控制数据化系统

主要包括智能控制系统及数据化系统,两个系统指令统一,相互联系。智能控制系统:根据工序流程按指令自动完成钢台座移动就位、液压模板安拆、移梁蒸养等工作,鱼雷罐按指令将混凝土运输至布料机,布料机根据设定自动按分层厚度浇筑混凝土,浇筑过程中振捣器同步按次序开始振捣。数据化系统:对混凝土拌和量、施工配合比、运输浇筑时间、振捣频率、蒸养时间、蒸养温度、张拉压浆时间等一系列过程数据上传至系统,对施工中不符合设计参数的数据予以预警,并全过程与智能控制系统的指令相统一协作。

4.1.2 总体生产工艺流程

装配式轻型 T 梁智能生产工艺流程如图 4-1 所示,主要步骤有:订单接收→施工图纸数据转化与读取→钢筋加工、绑扎及吊装→液压钢侧模合拢与顶面钢筋安装→混凝土拌和制作、运输→混凝土浇筑、振捣→预制构件高温蒸养→预应力张拉压浆→移梁存放、喷淋养护。

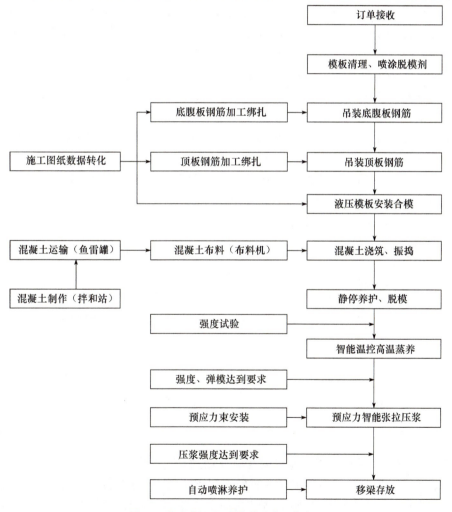

图 4-1　装配式轻型 T 梁智能生产工艺流程

4.1.3 生产节拍控制

生产节拍，又称线速，是控制生产速度的指标。明确生产节拍就可以指挥整个工厂的各个生产工序，保证各个工序按统一的速度生产加工出构件，从而达到生产的同步化。生产节拍是实现流水线生产的基础，运行良好的生产流水线可以将其生产节拍视为生产线的速度。一般对生产节拍产生影响的主要因素包括人员因素、设备因素、物料因素、组织管理因素和环境因素等。实际生产中有时是一种或两种因素起主要影响作用，有时是多重因素共同产生影响。

装配式T梁自动化生产线是按照生产节拍运作，其目的是达到所要求的生产线的生产效率。一般每道工序必须在这一生产节拍内完成在其生产工位上所分配的任务；如果不能按时完成，则整条生产线达不到所要求的生产效率。生产节拍的设置从一定程度上保证了生产线的生产效率。

理想的生产节拍就是生产与需求同步。在自动化生产中，生产节拍的任务是平衡各种资源运动的速度和量，识别和消除生产中的瓶颈问题。传统生产观念认为机器设备造价高，成本折旧费高，为了避免损失应尽量使设备不要停止运行，想方设法使生产量去适应这个生产能力。本项目自动化生产线恰恰与之相反，因为生产过剩产品所带来的损失更大，所以只生产必要数量的必需产品，绝不能因为有智能设备和为了提高设备利用率就生产现在不需要的产品。每天生产速度即生产节拍并不是固定不变，而是随着外部需求和内部生产要素的变化而变化。

根据划分的钢筋绑扎区、混凝土浇筑区、蒸养区和张拉压浆区这四个区域，分别对T梁的各生产步骤进行规划，确定生产线合理生产工效节拍。

如图4-2所示，钢筋加工及钢筋笼绑扎、混凝土制备以及压浆、喷淋、存储可由单独的区域完成，场地及效率可根据生产线进行调整，非控制节拍。

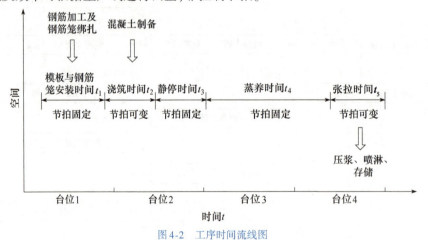

图4-2 工序时间流线图

在控制性节拍中，模板与钢筋笼安装、浇筑后的静停、蒸养的节拍是固定的，其中模板与钢筋安装与结构形式相关。如小箱梁存在芯模情况下，其模板与钢筋笼安装可达8h，轻型T梁仅有2h；静停工序是为了达到2.5MPa强度，便于脱膜，只与混凝土材性相关，一般需要大于

8h;蒸养工艺用时与结构导热效率相关,如小箱梁存在空腔情况下,最长耗时可达 48h,轻型 T 梁一般用时 24h。

浇筑及张拉节拍可变,可通过增加人工、设备的方式,适当缩短时间,但受经济性、场地等限制,也存在优化上限。

对于单一生产线,蒸养是诸环节中耗时最长的,模板与钢筋笼安装、浇筑、张拉用时较短,但存在静停占用情况,工厂生产为避免人工静停情况,需要对节拍进行优化。

1)T 梁流水节拍简化计算方法

除将模板与钢筋笼安装、浇筑两个环节的时间合并外,还可以将多条生产线一并考虑,有效排布人工时间,即:

$$N(t_1 + t_2) + t_3 \leq t_4 \quad (4-1)$$

$$Nt_5 \leq t_4 \quad (4-2)$$

式中:N——生产线数量;

其他符号如图 4-2 所示。两公式 N 应取最小值。

对于 T 梁生产线,模板与钢筋笼安装耗时 2h,浇筑耗时 1h,静停不小于 8h,蒸养 24h,张拉 2h。由公式计算 $N \leq 5.3$,即可满足 5 条生产线的施工,如图 4-3 所示。

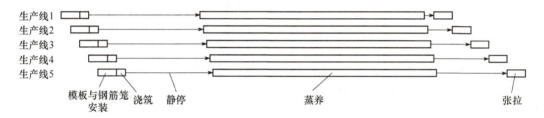

图 4-3 5 条生产线并行图

装配式 T 梁自动化生产线流水节拍及工序耗时如图 4-4 所示,详细描述如下:

(1)钢筋加工绑扎区:约 4h,一般设置在待浇筑 T 梁的前一天。

(2)混凝土浇筑区:每条生产线约 19h,一般设置在 6:30—第二天 6:00 时间段内。

①模板清理、喷涂脱模剂(0.5h)。

②吊装底腹板钢筋、安装端模(0.5h)。

③钢侧模合拢、精调模板(0.5h)。

④吊装顶板钢筋并固定(0.5h)。

⑤浇筑混凝土(1h)。

⑥静停养护(15.5h)。

⑦脱模、移梁至恒温蒸养室(0.5h)。

(3)蒸养区:约 26h,一般设置在第二天 6:00—第三天 8:00 时间段内。蒸汽养护(升温—恒温—降温,26h)。

(4)张拉压浆区:每片梁约 2.5h,一般设置在第三天 8:00—16:30 时间段内。

①清孔、穿束、张拉(2h)。

②压浆封锚、移梁(0.5h)。

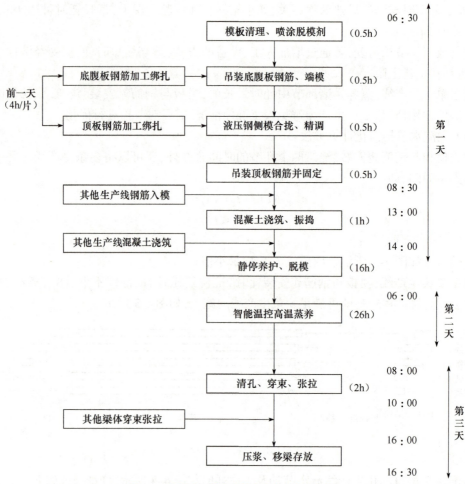

图 4-4 装配式 T 梁自动化生产流水节拍示意

2)广义预制梁流水节拍简化计算方法

在生产线数量较多的情况,或者模板、钢筋复杂的情况下,t_1—t_3 时间累加可能大于 t_4 蒸养时间,此时应增加人手或者设备,避免生产线出现停顿的情况。

(1)情况一

同时开展 n 个工位的作业,在所有模板与钢筋笼安装后,再浇筑。

$$\frac{N}{n_1}t_1 + \frac{N}{n_2}t_2 + t_3 \leqslant t_4 \tag{4-3}$$

式中:n_1——同时开展模板与钢筋笼安装的工位数量,$n_1 \geqslant 1$;

n_2——同时开展浇筑的工位数量,$n_2 \geqslant 1$。

在 $n_1 = n_2 = 1$ 的情况下,式(4-3)可简化为式(4-1)。

此时人工与设备的需求量如下:

$$P = \max\left(\frac{t_1}{p_1}n_1, \frac{t_2}{p_2}n_2\right) \tag{4-4}$$

$$n_d = \frac{NV}{t_2 v} \tag{4-5}$$

式中：P——需要的人工；

p_1——模板与钢筋笼安装的工效；

p_2——混凝土浇筑的工效；

n_d——需要的筒式送料机数量；

V——主梁混凝土体积(含损耗)；

v——单位时间单个筒式送料机的送料效率。

（2）情况二

同时开展 n 个工位的作业，模板与钢筋笼安装、混凝土浇筑为连续作业。

$$\frac{N}{n}t_1 + t_2 + t_3 \leq t_4 \tag{4-6}$$

此时同步开展浇筑台座数量为 nt_2/t_1，人工与设备的需求量如下：

$$P = \frac{t_1}{p_1} + n\frac{t_2}{t_1}\frac{t_2}{p_2} \tag{4-7}$$

$$n_d = n\frac{t_2}{t_1}\frac{V}{t_2 v} = \frac{nV}{t_1 v} \tag{4-8}$$

引入经济性因素，计算投入成本：

$$\text{cost} = PC_p + n_d C_d + C_c \tag{4-9}$$

根据上述公式，代入实际效率参数，以投入最小为目标开展节拍优化，求得最优的人工、设备数量。

4.2 生产工艺

桥梁构件的自动化生产成为一种全新的生产组织方式，桥梁梁板构件的生产工艺(图4-5)主要包括钢筋加工、模板安拆、混凝土浇筑与振捣、构件的养护与存放等环节，这些环节是实现自动化生产流水线作业的主要控制因素，需要根据对预制构件工艺流程和产能要求的分析，对装配式桥梁构件预制工厂的流水线合理设计。

4.2.1 钢筋加工

目前，钢筋加工采用自动化加工技术，钢筋弯曲、剪切都采用全自动机械加工，从数控机械加工发展到联动模式的钢筋笼大型液压成型设备工装系统，同时推动了对钢筋笼焊接机械手、智能机器人辅助成型技术研究的发展步伐。

一条现代化的 PC 构件生产流水线，通常配置有自动化的钢筋加工配送系统，如图 4-6 所示。钢筋加工配送中心对螺纹盘条进行自动化加工，然后根据中央电脑控制系统提供的数据，在横向和纵向上铺设钢筋和格构梁，同时还可以铺设支撑架或者不铺设支撑架。

1）工艺流程

（1）钢筋下料

①进场材料要通过抽样检测，确保钢筋的力学指标符合规范要求，原材料表面应无锈蚀、无裂纹、无污染。下料前，钢筋要进行调直，按施工图进行配筋。

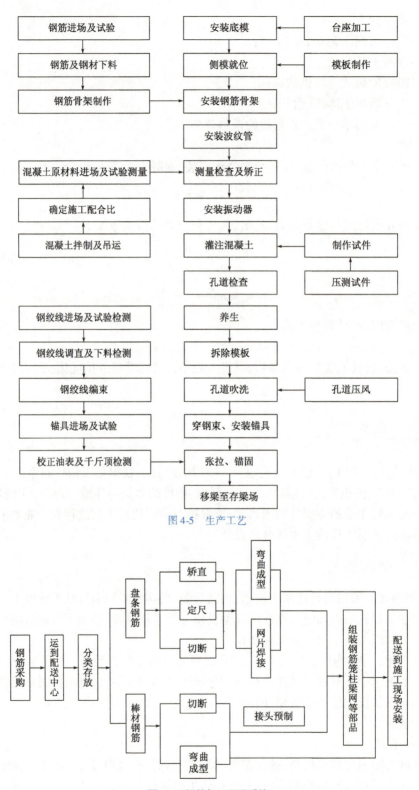

图 4-5　生产工艺

图 4-6　钢筋加工配送系统

②钢筋加工前如钢筋表面有油渍、漆污、铁锈、浮皮等应以清除,使其表面洁净;钢筋除锈可用人工除锈;钢筋应平直,如局部弯曲度超过标准的,应予以矫直后才可使用;下料切割时要保证断料的长度准确性;根据图纸和配料单所表示的规格、尺寸弯曲成型,其误差应控制在规定范围之内。

(2)钢筋的制作与安装

①根据施工图纸的配筋信息,采用智能钢筋加工设备(图4-7)进行钢筋的自动化切割与弯曲操作。待钢筋加工完成后,利用移动式货架(图4-8)运送至钢筋绑扎区域。底板、腹板钢筋采用在专用胎膜上绑扎成型,采用桁吊将底板、腹板钢筋整体吊装安放在自行式台车上。胎膜上应准确标记出构造钢筋的位置以有效确保钢筋安装位置、间距符合设计要求并避免钢筋缺失。

a)

b)

图4-7 智能钢筋加工设备

图4-8 移动式货架

②预应力管道采用圆形金属波纹管,安装波纹管时应严格按照设计坐标值布管,并使管道弯顺自然,防止折断,波纹管接头应用胶布包裹,防止渗浆堵管,波纹管两端应穿过锚板孔洞10cm,浇筑混凝土完成后再截断。预应力管道的位置必须严格按坐标定位,波纹管长度范围内曲线部分以间隔为400mm、直线段间隔为800mm设置一组定位钢筋固定,定位钢筋与T梁腹板箍筋电焊连接,严防错位和管道下垂。为增加管道刚度,可采用在管道穿内衬管或预先穿入钢绞线。若预应力管道与普通钢筋位置发生冲突时,可适当移动普通钢筋位置。浇筑前应检查波纹管是否密封,防止浇筑混凝土时堵塞管道。待底板、腹板钢筋安装在自行式台车上

后,采用桁吊将T梁钢筋骨架吊装至移动台座上,如图4-9所示。

a)胎架上绑扎

b)自行式台车上安装

图4-9 腹板与底板钢筋绑扎与安装

③顶板钢筋也在绑扎胎膜上(图4-10)绑扎成整体,在下一步模板安拆,待钢侧模合拢安装完毕后,通过桁吊吊运至底腹板钢筋骨架上,然后进行绑扎,顶板剪力筋电焊在横向环形筋的筋片上,以保证剪力筋高度一致和间距的合格率。浇筑前应注意检查各种设计预埋件,防止漏埋,如支座钢板、防撞栏钢筋、顶板剪力筋、泄水管、气孔、吊装孔等。

图4-10 顶板钢筋绑扎胎膜

2)工艺要点

(1)钢筋绑扎、安装

首先检查进场钢筋应具有出场质量证明书及试验检测报告,钢筋按照不同的品种、规格等级、品牌分类存放整齐,不得混杂,注明各类钢筋使用部位。钢筋的存放场地应有防、排水设施,且应垫高需存放至仓库内。

钢筋的绑扎需要在专用的胎架上绑扎成型,然后再整体吊装就位,胎架需要准确地标记出构造钢筋的位置,以有效保证钢筋位置、间距的精准性和钢筋缺失,胎架需要按照施工图进行加工设计,加工完成后对其尺寸进场检验,合格后方可使用。所有钢筋交叉点应用双丝绑扎牢固,必要时用电弧焊点焊,扎丝丝头需向内弯,防止丝头进入混凝土保护层,产生锈蚀。绑扎时根据具体的构造详图检查钢筋的布置位置以及尺寸是否与设计方案一致,一定要进行设计图纸的相关研究,注意钢筋绑扎的次序和相关要求,一般是按照自上而下、由里往外。伸缩缝装置、防撞护栏预埋钢筋、翼缘板湿接缝环形钢筋采用定位模具进行精准的定位。部分钢筋位置冲突时,严禁随意切割,钢筋避让时,需要遵循普通钢筋让预应力钢筋、次要钢筋让主要钢筋的原则,当无法避让时,改变钢筋的加工形状。钢筋骨架的保护层使用高强度梅花形的砂浆垫块,其强度不得低于混凝土强度,绑扎应牢固,垫块的布置数量不少于 $6\sim9$ 个$/m^3$,如钢筋直径较小时需加密。混凝土浇筑后,对外露的预留钢筋要选择合适的防锈方式进行保护,比如包裹、刷涂水泥浆等。

(2)预埋件、波纹管的安装

波纹管道应具有一定的强度和刚度,既要其保证在混凝土的重力作用下不变形,又要其能起到传递黏结力作用。波纹管管道坐标严格按图纸设计准确布置,绑扎钢筋时,严格按照坐标位置对波纹管进行准确定位,采用 U 形定位钢筋固定(直缓段 1m 设一处,曲线段 0.5m 设一处),定位钢筋与箱梁腹板钢筋点焊连接,焊接时需要对波纹管进行保护,防止焊渣烧坏波纹管,严防错位或管道下垂。如管道与普通钢筋交叉时,适当挪动普通钢筋的位置,保证波纹管的顺直度。在进行波纹管的接头安装时,可以同时使用同一种规格的波纹管,用宽带胶布进行严实捆扎,防止出现漏浆现象,要保证波纹管道的平直。波纹管道一旦出现了曲折会影响整个施工进程。同时要采取波纹管接头的固定措施,防止出现挪动和移位。锚垫板需要与波纹管管道同轴且断面与管道轴线垂直,不得错位,锚垫板下设置配套的螺旋钢筋。在浇筑混凝土前波纹管需要穿芯,防止波纹管在浇筑时挤压变形、漏浆而影响后期的穿预应力钢绞线,穿入的芯需在混凝土初凝后及时抽拔。支座预埋钢板要进行防腐处理,并在钢筋绑扎前固定在底模上,防止浇筑时上浮、移位。对泄水孔、支座钢板,预埋时必须保证其位置的准确。曲线桥预埋防撞护栏、伸缩缝钢筋时,要考虑曲线的相关要求。

(3)钢筋骨架的吊运

吊运钢筋骨架时注意观察骨架是否有变形情况,必要时增加斜钢筋加以支撑或增加吊点,梁体钢筋吊装前在底部增加垫块,保证足够的保护层。吊装前检查作业环境、吊索、防护等,吊装区无闲杂人员,捆绑牢固,钢筋骨架与其他物体无连接,检查完全后方可起吊。

4.2.2 模板安拆

1)模板安拆工艺流程

(1)钢模板选用及制作

为保证梁板的预制质量,侧模全部采用液压式不锈钢模板。因液压式不锈钢侧模精度要求高、刚度要求大、电子元件多,整体抽拉式内幕精度要求高、模板内受力主梁刚度要求大。因此,本项目模板设计、制作、加工、拼装均由技术力量强的生产厂家负责。

钢模板设置劲性骨架,以防止其在使用过程中发生变形、错位和受损(图 4-11)。钢模板间通过螺栓连接拼装,对梳形板、预留孔洞、拼接缝等易漏浆部位采取有效的堵浆措施,确保模板不漏浆,推荐采用强力胶皮或橡胶棒填缝剂止浆。每次模板使用前必须对其进行打磨处理,并使用合格的脱模剂涂刷。

a)   b)

图 4-11   液压钢模板开合

（2）合模

①侧模

在 T 梁底腹板钢筋骨架绑扎完成并吊装至移动式台座后，控制台座移动至混凝土浇筑区域，即钢侧模固定位置，通过液压模板控制系统按照施工图纸中的构件尺寸完成合模。同时将上一步骤中绑扎好的顶板钢筋吊装至底腹板钢筋骨架上，等待混凝土的浇筑。在每一次混凝土浇筑完成脱模后，都需对侧模进行清理并均匀涂洒脱模剂，为下一片 T 梁的浇筑做好准备，提高作业效率。

②安装锚板、端模

在侧模安装固定之后，就要进行锚板、端模（图 4-12）的安装，首先在端板上画出锚垫板的位置，钻孔后再把锚垫板用螺栓、螺母固定在端板上，把波纹管从锚垫板内穿出来，端板慢慢地移动到正确位置上，用螺栓、螺母将端板与侧模连接固定。调整弹簧钢筋于锚垫板位置上固定，并用胶带纸缠绕锚垫板里面与波纹管接触的地方，喇叭口内多余的波纹管拆至喇叭底部，并用海绵条塞紧波纹管与锚垫板之间缝隙。

图 4-12   液压钢模板端模

2）工艺要点

（1）模板表面应光洁、无变形，接缝处用海绵胶条填充并压紧，确保接缝严密、不漏浆。

(2)在整个T梁预制过程中采用同一类型的脱模剂,最好不换用别的脱模剂,更不得使用废机油代替。

(3)模板应定位准确,不得有错位、上浮、胀模等现象。

(4)模板必须保证足够的刚度、强度和稳定性,保证T梁各部位形状、尺寸符合设计要求。

4.2.3 混凝土浇筑与振捣

1)施工工艺流程

(1)混凝土在拌和站按设计配合比配制搅拌,用混凝土运输系统运至现场,采用混凝土布料机送至浇筑点(图4-13),然后使用插入式振动棒配合附着式振动器振捣密实。混凝土采取分层入模、分层振捣,分层厚度按不超过300mm控制。底板浇筑从跨中向两端浇筑,把底板浇筑完,然后分层浇筑腹板,腹板浇筑从两端向跨中浇筑,最后浇筑顶板,混凝土浇筑采用分层连续推移的方式进行。混凝土按一定的厚度、顺序和方向分层浇筑,且应在下层混凝土初凝或能重塑前浇筑完成上层混凝土,混凝土的振捣跟随浇筑顺序分层振捣密实,密实的目测尺度是混凝土停止下沉,不再冒出气泡,表面呈平坦、泛浆(图4-14)。

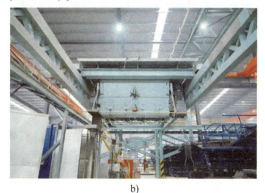

a)　　　　　　　　　　　　　　　　b)

图4-13 鱼雷罐与布料机

图4-14 混凝土自动化运输与浇筑

(2)混凝土的浇筑宜连续进行,因故中断间歇时,其间歇时间应小于前层混凝土的初凝时间或能重塑时间。混凝土的运输、浇筑及间歇的全部时间不宜超出规范要求。

(3)施工中应加强观察,防止漏浆、欠振和漏振现象发生;模板边角以及振捣器振捣不到的地方应辅以插钎振捣。梁端2m范围内及锚下混凝土局部应力大、钢筋密、要求早期强度高,应充分振捣密实,严格控制其质量。在梁体混凝土振捣浇筑完成后,采用木抹子对梁顶进行抹光,初凝之前再进行二次收浆,最后进行横向拉毛处理(图4-15)。为防止工人脚踏顶板钢筋作业而导致顶板钢筋松动或间距改变,视现场具体情况而定,可以在混凝土施工时设置施工操作平台。

a)
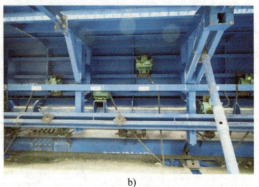
b)

图4-15 人工振捣与附着式振捣

2)工艺要点

(1)T梁混凝土浇筑顺序为底板、腹板、再浇筑顶板、翼缘板,浇筑时一般采用斜向分段或水平分层,一次性浇筑完成。混凝土集中拌和后由运输车运至现场,现场检查混凝土不得出现离析、泌水现象。

(2)顶板混凝土振捣采用插入式振捣棒振捣混凝土。腹板混凝土浇筑过程中严格控制混凝土拌和时间和入模时间,为保证腹板混凝土的振捣质量,在侧模上沿着波纹管位置每3m设置一对附着式振捣器,安排专人看管,每点振捣时间宜为10~12s,待混凝土浇筑高于振捣器后才可开始振捣,当腹板的结构断面较小,钢筋较密,混凝土不宜分布时,采用边浇筑边振捣,每点振捣20~30s,以混凝土不再下降、表面出现浮浆为宜。腹板其余部位采用插入式振捣器振捣,每次移动距离要防止漏振或过度振捣,振捣插入深度不能超过振捣棒长度的3/4,并不断地上下移动振捣棒。

(3)对于腹板预应力锚固区等钢筋密集的部位,需要加强振捣质量。顶板浇筑时要注意负弯矩张拉槽口位置混凝土的振捣,保证张拉槽口不移位,防止上浮。由于预制T梁配筋较密,再加上预埋波纹管,极易在腹板处造成下料困难,引起局部砂浆偏少、偏薄现象,加剧水波纹缺陷产生的可能性,施工过程中需要特别注意。

4.2.4 高温蒸养

1)施工工艺流程

对于非承重的侧模拆除,应在混凝土强度达到2.5MPa,保证其表面不因拆模而受损坏方可拆除。侧模拆除后静停养护一段时间,保证浇筑后混凝土达到一定强度,通过自行式台车,把梁板移动至智能控温蒸养室及时养护(图4-16、图4-17),严格把控蒸养室的温湿度、升温速度、降温速度,以免混凝土因内外温差过大而产生裂缝。根据国内采取蒸养工艺的预制梁场,一般蒸养24h,梁板强度、弹模即可满足张拉条件。

图4-16 蒸养室

图4-17 梁体蒸养

2)工艺要点

(1)梁体混凝土浇筑完成后先覆盖土工布洒水自然养护,至混凝土终凝(或梁顶混凝土不因棚架安装而损坏为宜)。

(2)降温时选择内外温度差较小时间,防止因温度骤降出现混凝土收缩裂缝。掀开篷布时,梁体混凝土表面温度不得高于环境温度10℃。

(3)养护期间要定期对主送气管道进行检查,防止主送气管道出现破裂漏气现象,导致蒸汽不能有效利用,增加养护时间。

4.2.5 预应力张拉

1)预应力智能张拉系统

预应力智能张拉系统指一种预应力自动张拉设备及其计算机控制系统,主要由预应力智能张拉仪、智能千斤顶、自带无线网卡的笔记本电脑、高压油管等组成。其以应力为控制指标,伸长量误差作为校对指标,系统通过传感技术采集每台张拉设备(千斤顶)的工作压力和钢绞线的伸长值(含回缩量)等数据,实时将数据传输给系统主机进行分析判断,同时张拉设备(泵站)接收系统指令,实现张拉力及加载速度实时精确控制。系统还根据预设程序,由主机发出指令,同步控制每台设备的每一个机械动作,自动完成整个张拉过程。

预应力智能张拉系统工艺原理如图 4-18 所示。

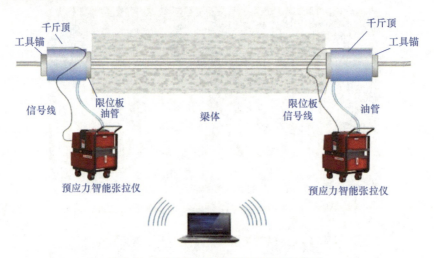

图 4-18 预应力智能张拉系统工艺原理示意图

2)智能压浆系统

智能压浆系统由制浆系统、压浆系统、测控系统、循环回路系统组成。智能压浆系统回路由预应力管道、制浆机、压浆泵组成,浆液在回路内持续循环,排净管道内的空气,如果管道有堵塞等情况,能够及时发现并处理。通过加大压力进行冲孔,使得杂质以排出,消除导致压浆不密实的因素。同时,在管道的进浆口和出浆口,分别设置精密传感器,对相关的参数进行实时的监测,包括压力、流量、浆液水胶比等等,同时还将监测到的数据实时反馈给主机,并由主机进行分析和判断。在主机的指令下,测控系统还能够适当调整压力和流量,从而使得整个压浆过程能够顺利完成,保证浆液质量、压力、稳定时间等各项指标满足相关的施工技术规范,保证压浆饱满和密实,符合施工的要求,进而提高施工质量。

压浆系统回路结构如图 4-19 所示。

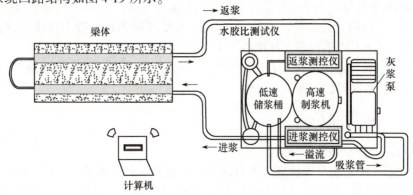

图 4-19 压浆系统回路结构图

3）预应力张拉压浆工艺流程

（1）预应力张拉

施加预应力应采用张拉力与引伸量双控。当预应力钢束张拉达到设计张拉力时，实际引伸量值与理论引伸量值的误差应控制在±6%以内。实际引伸量值应扣除钢束的非弹性变形影响。开工前必须对各钢束引伸量进行复核。

张拉所用的千斤顶和压力表应预先进行标定，并配套使用，确保张拉力符合设计，压力表采用防震型，精度符合使用要求。所用的锚板、夹片应进行硬度和锚固试验，所用的钢绞线应送检进行物理力学性能试验和锚固性能试验，以上试验应合格才能使用。张拉时，操作人员应站在千斤顶侧面，严禁站在千斤顶的正后面，并于千斤顶后面设置安全挡板（图4-20），防止钢绞线滑丝、断丝等造成锚具飞出伤人。

图4-20　张拉安全挡板

钢绞线的滑丝或断丝数量若超出允许数量时应进行换束重拉。钢绞线的延伸量或回缩量发生异常（超量或不足）时，应查明原因，采取切实可行的措施，确保工程质量。

预应力筋在张拉控制应力达到稳定后方可锚固。锚固完毕并经检验确认合格后方可切割端头多余的预应力筋，切割时应采用砂轮锯，严禁采用电弧进行切割，同时不得损伤锚具。切割后预应力筋的外露长度不应小于30mm，且不应小于1.5倍预应力钢筋直径。

（2）孔道压浆

预应力筋张拉后，孔道应及早压浆，一般应在48h内灌浆完毕。孔道压浆按《公路桥涵施工技术规范》（JTG/T 3650—2020）执行，水泥浆强度不小于50MPa，要求压浆饱满，至少能保证一根束道灌浆用量（一般至少为管道体积的1.5倍），禁止边加原料、边搅拌、边压浆。智能孔道循环压浆如图4-21所示，操作步骤如下所述。

①检查设备录入注浆参数。如发现连接有不完整情况，需要马上进行调整，要保证进浆管连接到注浆嘴、返浆管连接到出浆嘴，确认连接完整之后，在主机上输入各孔的注浆参数。

②准备水泥浆。智能制浆采用高速搅拌机，制浆之前，需要严格按配合比对原材料进行称量，拌和机启动后，先放入水，然后放入水泥和外加剂，使混合料在拌和机内高速搅拌2min以上以使水泥浆均匀，务必保证浆液流动性、泌水率、水胶比均应符合技术规范的要求，只有如此，才能保证浆液的质量以及后续工序的顺利进行。

③一键完成智能注浆。将规范要求下计算好的数据输入主机程序，也可调用存储好的参数，根据将要注浆的孔道编号一键启动注浆程序，随即注浆系统自动开始注浆。当进、出浆口

压力稳定后,施工人员需要进一步判断管道充盈程度,随后进行实时监测,保证管道内浆液体积与充盈程度;对测定的压力、流量的情况实时进行调整,保证各项指标达到规范要求,随后设备将自动生成注浆质检报告,提示注浆完成。

图 4-21　智能孔道循环压浆

压浆后应立即将梁端水泥浆冲洗干净,清除支承垫板、锚具及端面混凝土的污垢。封锚混凝土应仔细操作、捣实,保证锚具处封锚混凝土密实。封锚混凝土浇筑后,静置 1~2h,带模浇水养护。脱模后在常温下一般养护时间不少于 7d。冬季气温低于 5℃时不得浇水,养护时间增长,并采取保温措施。所有新、老混凝土结合面均应严格凿毛处理。

4) 工艺要点

(1) 锚垫板安装。锚垫板安装应稳固,防止掉落或松脱,梁端处锚垫板的板面应与管道轴线垂直,防止张拉时钢绞线折断。

(2) 钢绞线制作。钢绞线应计算好下料长度(包括千斤顶工作所需长度)。钢绞线切割采用砂轮锯切割,严禁使用焊割或气割,严禁用钢绞线作电焊地线,防止烧伤钢绞线。钢绞线穿入波纹管前,应预先编束,编束时应将钢绞线逐根理顺,防止缠绕,并应每隔 1~1.5m 捆绑一次,使其绑扎牢固、顺直,且采用塑料胶带包头,梳编后整束穿过波纹管道。钢绞线出厂时为圆盘梱包装,每梱质量为 3~5t,下料时应先套入安全保护筒才剪绑,防止钢绞线弹出伤人。

(3) 张拉采用智能数控张拉系统进行预应力张拉,平时不得随意扭动油泵和千斤顶各部位螺栓。正式张拉前先对千斤顶和压力表配套校验,以确定张拉力与压力表之间的关系曲线,检验工作由主管部门授权的法定技术机构进行。张拉时计算出油表的相应读数以及伸长量,并严格按照设计文件规定的顺序进行。在张拉过程的停顿点应对表精确持荷保压,保证持荷时间。

4.2.6　喷淋保湿

自动喷淋系统是实现预制梁场规模化标准化生产、加快桥梁施工周期的关键技术之一。自动喷淋系统通过对预制区给水管道进行预先规划设计,在梁底预埋给水管道和伸缩旋转喷头,向自动喷淋储水罐供水,采用自动供水储水罐,开启自动开关,旋转喷头自动向梁体喷洒水雾,实现对预制 T 梁的有效养护。

1) 自动喷淋养护技术的特点

(1) 操作便捷、可移动、养护效果好。自动喷淋养护是在 T 梁预制中较新型的养护方式,可视为基于传统定点养护手段的升级,兼具操作便捷、可移动、养护效果好等特点。一方面落实了T梁翼缘板底面养护,另一方面也提高了开发效率,减少了资金投入。

(2)覆盖面广,几乎不存在养护死角。自动喷淋养护可有效保证T梁各处的养护质量,经养护后的混凝土表面颜色具有一致性,从而减少因养护方式不合理而引发的T梁质量问题。

(3)养护效果好,适用性较强。在多种规格的预制T梁中,自动喷淋养护都可取得较好的养护效果。喷淋系统所提供的水具有均匀性,工作全程由设备自动化控制。

(4)减少使用时间和人工投入。自动喷淋养护系统使用的是分段式喷淋,结合增压泵增压能力调整喷淋范围,养护全程仅需1名兼职员工即可,单名员工的工作量也有所减少。

(5)经济效益突出。在T梁预制中,仅需配置1套自动喷淋养护系统便能有效担任T梁的养护任务。自动喷淋养护普遍使用小型电器工具,其采购便捷,可随施工需求快速迁移至指定施工点。

2)自动喷淋养护工艺流程

轻型T梁张拉压浆完成后,启动台车移至横向移梁工位,通过门式起重机将构件吊装至构件存放区,进行喷淋养护。在构件存放区内布设有旋转式喷淋管道和喷头,每排构件上部边侧和底部中侧各布一道,做到无死角养护,如图4-22所示。待混凝土强度达到设计强度100%后,吊装至固定存梁区,空台座通过横移装置移至循环回路,并回到初始位置。

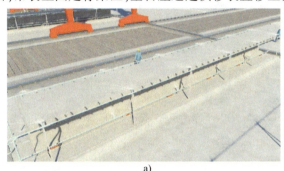
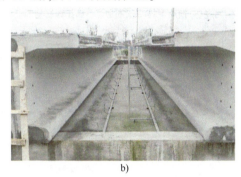

a)　　　　　　　　　　　　　　　　b)

图4-22　自动喷淋养护

3)工艺要点

(1)保证养护过程水源供应的充足性。配置储水罐,若日产3~5片梁,其对应的储水池总容量应达到10m³。喷淋前需及时运行水泵,通过水泵的作用向初压罐提供养护用水,罐体内的水压送至主水管,再通过主水管向各分支管道分配养护用水。

(2)节约用水。为了保证喷雾的雾化效果,在设置喷头时,应选择合适大小的喷头。减少养护过程中的水压损失,保证管道不渗漏水,从而保证喷淋效果。

(3)喷头的间距要以能保持梁体全部湿润为宜,要根据喷头距梁体的距离和喷头的喷淋面积来确定。

(4)注重养护期间的时间管理。需避免持续性喷淋,否则将出现水压不合理、水资源浪费等异常。对此,需合理控制单次喷淋所持续的时间以及相邻2次喷淋的间隔时间,具体可利用继电器加以控制。随着需求的变化,时间继电器发出相应的控制指令,喷淋时间的设定应以梁片喷湿为标准,达到特定时间节点后开启电磁阀进行喷淋,满足喷淋要求后及时关闭,全程自动喷淋。

(5)喷淋后的水重复利用。可将喷淋后的水转入沉淀净化池内,经过特定的沉淀净化工艺后回至储水池,经净化后的水再利用,可提高水资源的利用率,减少水资源浪费。对此,需要按规定的时间核查、更新喷淋系统的喷头,以保障雾化效果。

4.3 质量控制与提升

在T梁预制生产过程中,由于工艺和设备的限制以及人员操作失误,导致预制构件出现局部质量问题,因此设置相关质量管理与控制手段十分必要。本节对项目实施过程中的控制指标、控制策略及关键蒸养技术进行介绍。

4.3.1 质量控制指标

根据工艺流程和提出新型T梁自动化生产过程关键控制指标。对于钢筋工程,主要关注钢筋尺寸偏差和钢筋笼定位偏差;对于混凝土工程,主要关注原材料质量控制、配比稳定性、拌和均匀性、浇筑连续性、振捣充分性、养护标准性等指标;对于预应力工程,主要关注预应力偏差、预应力均匀性、压降质量;对于最终成品构件,主要关注混凝土强度、钢筋强度、保护层厚度、构件尺寸偏差、表面平整度等指标。各工序关键控制指标及按照承载力、耐久性、功能性指标分类如图4-23、图4-24所示。

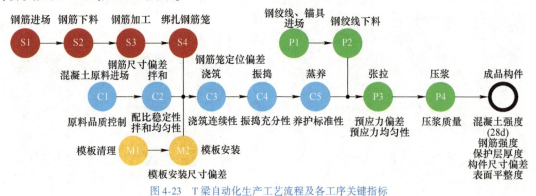

图4-23 T梁自动化生产工艺流程及各工序关键指标

4.3.2 质量管理策略

构件生产阶段质量问题主要由生产过程管理不精细造成,本项目构建的质量控制体系如下:

(1)借助先进的信息化技术、信息传递机制、管理制度等使项目参与人员沟通协作,提高生产信息的共享度。

(2)增强生产环节的监督力度,减少质量隐患。

(3)建立质量反馈机制,一旦出现质量问题后及时响应,并对相关人员进行责任追究,最后进行事后总结。

(4)加强人员管理,人员管理是全面质量管理中的关键,是为了提高管理人员与工人的技术水平,减少质量问题的发生。

基于大数据的信息化共享平台为构件生产阶段读取完整的构件生产信息。采用信息化技术进行质量管理,可模拟预制构件的生产过程,明确生产过程的质量控制关键点及关键工序。在构件生产时,通过设置待检点,严格控制生产流程,确保构件质量。

第4章 装配式混凝土T梁智能生产工艺及质量控制技术

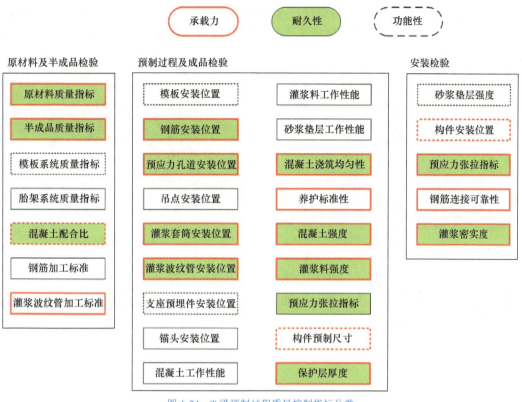

图 4-24　T梁预制过程质量控制指标分类

为实现信息化,对梁体采用唯一编码方式,采用无线射频识别(RFID)技术及二维码实现,如图 4-25 所示。将 RFID 芯片植入预制构件,利用 RFID 追踪管理系统,快速定位预制构件,便于构件管理、查找及构件运输过程的位置追踪。还可利用 RFID 进行快速信息交换和存储,读取预制构件的信息,记录预制构件的设计、生产及运维信息,便于质量管理及责任追溯。经过待检点排查出有质量缺陷的预制构件,可通过信息化平台与 RFID 技术快速定位出现构件质量问题的生产步骤,及时分析产生的原因,优化人员配置和工艺流程。RFID 传感器置于梁端翼缘板内,具有较好的穿透力。

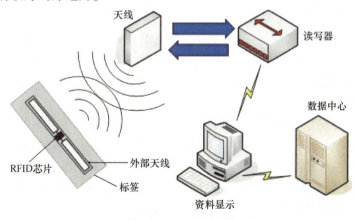

图 4-25　RFID 技术原理

RFID 射频信号会逐渐减弱,寿命仅有 5~10 年,为保障桥梁全寿命周期内信息的可溯源,在梁体侧面粘贴二维码铭牌辅助构件编码识别。二维码铭牌位于梁端腹板侧面,如图 4-26 所示。

a)RFID埋设

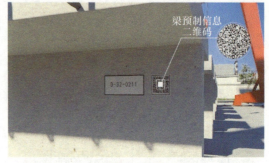
b)腹板侧面粘贴二维码

图 4-26 梁体唯一编码方式

最后,利用三维数字扫描技术对构件成品出厂前进行扫描,得到成品构件的尺寸及预留孔洞、预埋构件信息,并将信息导入平台中,通过成品和设计信息比对,找到超过误差的构件,控制不合格产品出厂,三维激光扫描内容详见第 5 章。

4.3.3 蒸养参数优化

4.3.3.1 蒸养策略

蒸养制度分为静停阶段、升温阶段、恒温阶段、降温阶段。蒸养制度是在混凝土构件浇筑完毕后,在高温、高湿的蒸汽作用下,使构件快凝、早强,达到脱模和放张要求,缩短模具周转、混凝土养护时间,从而提高模板、台座周转率,加快构件预制速度的一种有效的施工工艺。

(1)静停阶段对强度的影响

静停阶段又称预养阶段。此阶段指的是混凝土构件浇筑成型后至正式供给蒸汽前在常温下静养的时间。静养时间的养护温度为 20~25℃。这一阶段主要是使混凝土中水泥有一个比较充裕的水化时间,使混凝土形成一定的结构强度,以抵抗蒸汽的热胀作用,避免蒸汽养护时在构件表面出现裂缝和疏松现象。

随着预养时间的延长,混凝土前期的抗压强度逐渐升高,后期强度增幅不大。较短预养时间下混凝土脱模强度较低,原因是较短预养时间下混凝土处于塑性状态,尚不具有足够强度抵抗蒸养状态下水和蒸汽的热胀作用,使得内部结构破坏、孔隙增加,影响结构的密实度,导致强度降低。

(2)升温阶段对强度的影响

升温阶段是通入蒸汽达到恒温温度的时间。升温速率提高加速了水泥水化过程,30℃/h 脱模强度和 3d、7d 抗压强度均高于 15℃/h 和 10℃/h,后期强度 15℃/h 和 10℃/h 强度高于30℃/h,较高的升温速度能促进水泥和矿物掺合料的水化反应,促进强度的发展,但同时也会加剧水汽的热胀作用,影响混凝土后期强度。因此升温速度不能太快,综合考虑升温速率宜为 15℃/h。

(3)恒温阶段对强度的影响

恒温阶段是混凝土经过升温后,维持定温的一段蒸养时间,恒温时间长短很重要。在恒温阶段,恒温时间越长,前期混凝土脱模强度越高,后期强度增长较缓。但恒温时间越长并不一定越能增强混凝土强度,强度与内部混凝土水化过程有关。

(4)降温阶段对强度的影响

降温阶段是指停止供气至揭开养护覆盖物的阶段。在降温过程中,降温梯度是关键,降温梯度不能太大,降温剧烈将使混凝土表面产生"裂缝",降温温差不宜超过25℃/h。降温对混凝土强度的影响是,随着降温时间的延长混凝土强度逐渐增大,骤然降温导致混凝土内外温差较大,容易产生温度裂缝,因此降温时间宜适当延长。

各阶段的养护时间如图4-27所示。

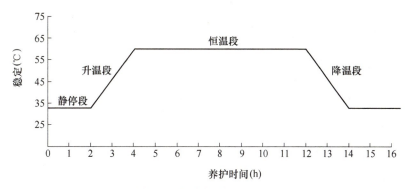

图4-28 各阶段的养护时间示意

4.3.3.2 蒸养优化

为了保证蒸养温度的合理性,建立新型装配式T梁有限元分析,确定温度参数的浮动空间,如图4-28所示。

1)蒸养优化前

在有限元模型中考虑了蒸养室中蒸汽温度的变化,并考虑了新型装配式T梁混凝土水化反应的放热作用,其中,蒸汽的最高温度为60℃。蒸养室中各阶段的养护时间及温度变化如图4-29所示。

提取新型装配式T梁截面的温度分布情况,如图4-30所示。由计算结果可知,在静停阶段由混凝土水化热反应产生的热量相对较小,梁体升温情况并不明显,仅表现为内部混凝土的升温。外侧混凝土由于散热较快,总体升温情况较为缓慢。

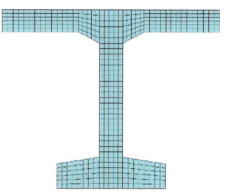

图4-28 新型装配式T梁的有限元模型

(1)蒸养过程中T梁温度变化情况

在蒸养升温阶段,T梁的温度分布差异较为明显,主要表现为顶板、底板与腹板交界位置处混凝土温度相对较低,如图4-31a)~c)所示。在恒温阶段,T梁混凝土的温度分布情况差异也较大,主要表现为顶板翼缘附近混凝土升温较快,底板内部混凝土升温较慢的特点,如图4-31d)~h)所示。在降温阶段,T梁顶板翼缘降温较快,而顶板、底板与腹板交界位置处内部混凝土降温较慢,且在底板与腹板交界位置处混凝土存在较高的温度残余,如图4-31i)、j)所示。

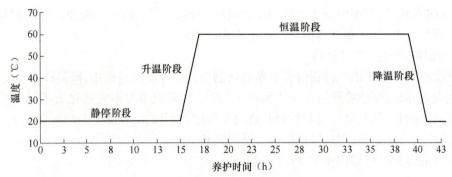

图 4-29 各阶段预测的养护时间及温度变化

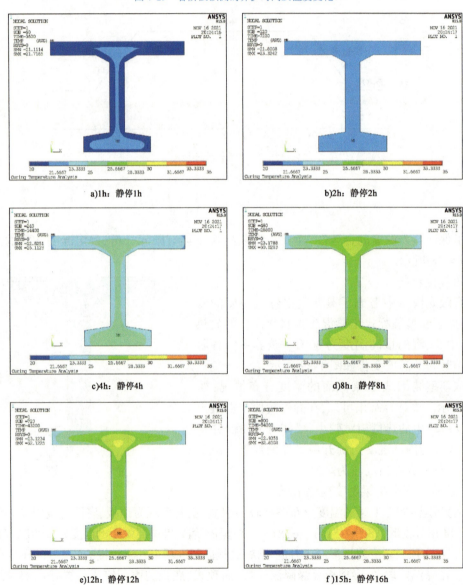

图 4-30 静停阶段水化热反应情况

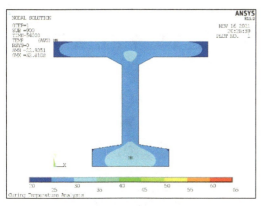

a) 15h:静停16h(蒸养棚20℃)　　　　　　b) 16h:升温16h(蒸养棚40℃)

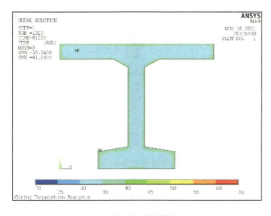 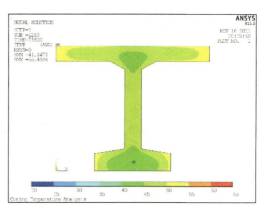

c) 17h:升温2h(蒸养棚60℃)　　　　　　d) 21h:恒温4h(蒸养棚60℃)

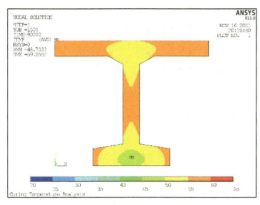 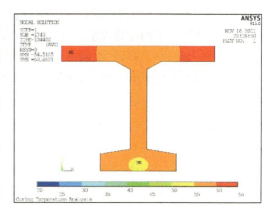

e) 25h:恒温8h(蒸养棚60℃)　　　　　　f) 29h:恒温12h(蒸养棚60℃)

图 4-31

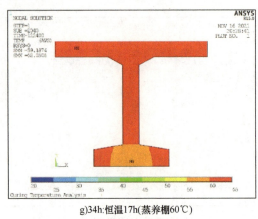
g)34h:恒温17h(蒸养棚60℃)

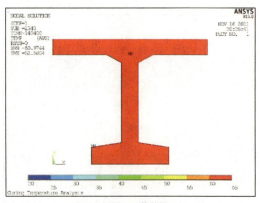
h)39h:恒温22h(蒸养棚60℃)

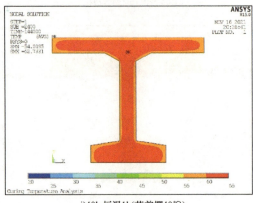
i)40h:恒温1h(蒸养棚40℃)

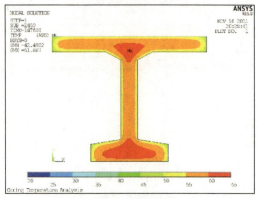
j)41h:恒温2h(蒸养棚20℃)

图 4-31　蒸养过程中 T 梁温度变化情况

（2）蒸养过程中不同测点的温度变化情况

为直观地对比不同位置处混凝土温度的变化情况,分别选取新型装配式 T 梁的顶板、腹板、底板混凝土外缘及内部的不同测点进行分析。考虑到结构对称性,T 梁混凝土外侧测点仅选取了 T 梁截面右侧部分关键点,选取的测点分布如图 4-32 所示。

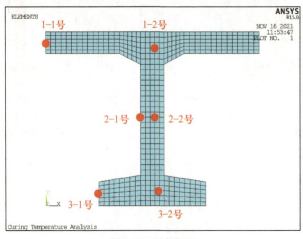

图 4-32　测点位置

对各测点混凝土温度变化情况进行分析,如图 4-33 所示。计算结果可知,在静停阶段,混凝土水化反应产生的热量变化较为明显,混凝土外侧点由于散热作用升温变化幅值(约为 25℃)略小于混凝土内侧各点的升温幅值(约为 30℃)。而在蒸养阶段,对于 T 梁外缘的混凝土测点其温度曲线随着外界蒸养温度的变化迅速升高,且温度峰值(约为 65℃)均超高蒸养棚内的设定温度(60℃);在降温阶段,混凝土温度的降低现象也较为明显;T 梁内部混凝土测点,由于该位置处混凝土厚度较大,该区域内的温度变化相对缓慢。

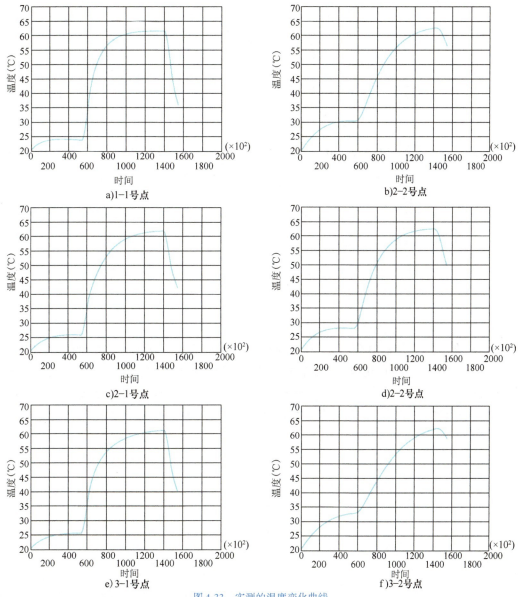

图 4-33 实测的温度变化曲线

2)蒸养优化后

根据新型 T 梁的有限元计算结果,提取不同养护阶段 T 梁各点位置的温度数据,并将其转化为 T 梁混凝土在对应时刻的等效龄期,其计算结果如图 4-34 所示。计算结果表明,在该种蒸养模式下蒸养结束时新型 T 梁的等效龄期仍低于 7d 混凝土强度。因此,有必要提高蒸养室内的蒸汽温度。

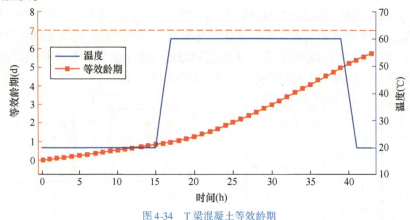

图 4-34　T 梁混凝土等效龄期

故将蒸汽的最高温度提升至 70℃,拟采用的蒸养棚中的温度变化曲线,如图 4-35 所示。

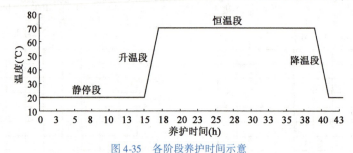

图 4-35　各阶段养护时间示意

(1)蒸养过程中 T 梁温度变化情况

在蒸养升温,T 梁的温度分布差异较为明显,主要表现为顶板、底板与腹板交界位置处混凝土温度相对较低。在恒温阶段,T 梁混凝土的温度分布差异较大,主要表现为顶板翼缘附近混凝土升温较快,底板内部混凝土升温较慢的特点。对于降温阶段,T 梁顶板翼缘降温较快,顶板、底板与腹板交界位置处内部混凝土降温较慢,且在底板与腹板交界位置处混凝土存在较高的温度残余,如图 4-36 所示。

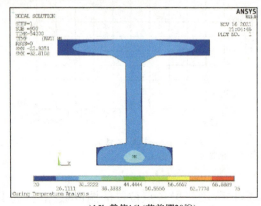

a)15h:静停16h(蒸养棚20℃)

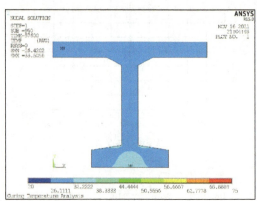

b)16h:静停1h(蒸养棚40℃)

图　4-36

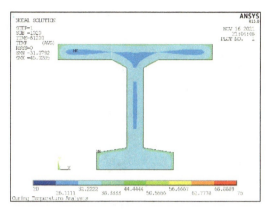
c) 17h:升温2h(蒸养棚60℃)

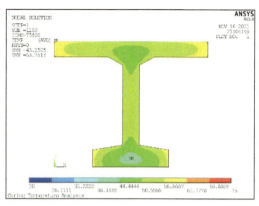
d) 21h:升温4h(蒸养棚60℃)

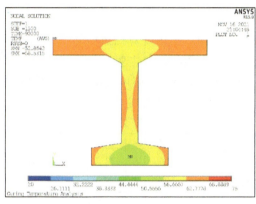
e) 25h:恒温8h(蒸养棚60℃)

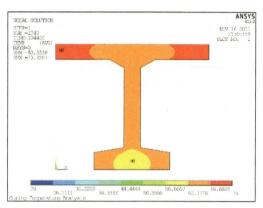
f) 29h:恒温12h(蒸养棚60℃)

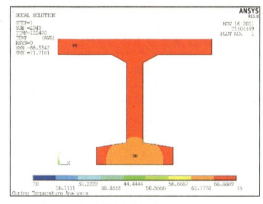
g) 34h:恒温17h(蒸养棚60℃)

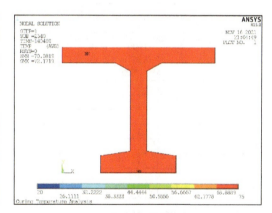
h) 39h:恒温22h(蒸养棚60℃)

图 4-36

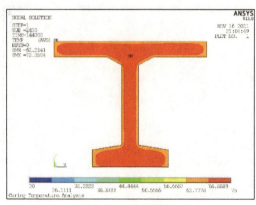
i)40h:恒温1h(蒸养棚40℃)

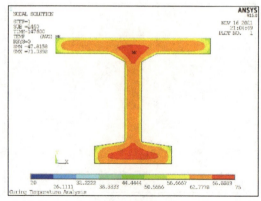
j)41h:降温2h(蒸养棚20℃)

图 4-36　蒸养过程中T梁温度变化

(2)蒸养过程中各测点的温度变化情况

对各测点混凝土温度变化情况进行分析,如图4-37所示。由计算结果可知,在蒸养阶段,对于T梁外缘的混凝土测点其温度曲线随着外界蒸养温度的变化迅速升高,且温度峰值(约为72℃)均超过蒸养棚内的设定温度(70℃);而在降温阶段混凝土温度也降低较为明显;而T梁内部混凝土测点,由于该位置处混凝土厚度较大,该区域内的温度变化相对缓慢。

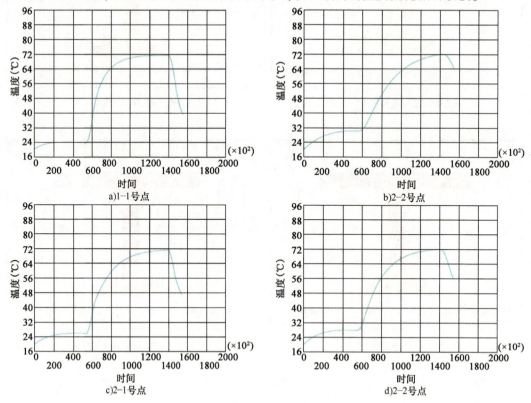

图 4-37

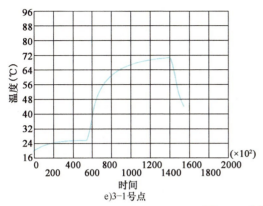
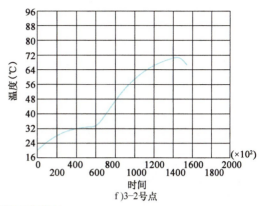

e) 3-1号点   f) 3-2号点

图 4-37 测点温度变化曲线

计算结果表明，提取不同养护阶段 T 梁各点位置的温度数据，并将其转化为 T 梁混凝土在对应时刻的等效龄期，其计算结果如图 4-38 所示。在该种蒸养模式下蒸养结束时新型 T 梁的等效龄期为 7.27d，高于 7d 混凝土强度，可以认为达到了蒸养的目的。

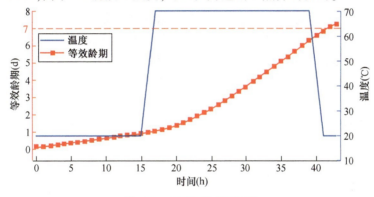

图 4-38 T 梁混凝土等效龄期

4.4 本章小结

本章对新型装配式轻型 T 梁智能生产工艺及质量控制技术进行研究，论述生产工艺各流程、设计相应生产节拍以及提出质量控制思路，主要结论如下：

（1）根据采用的智能化成套设备技术，规划装配式轻型 T 梁智能化生产工艺流程，并对各生产步骤的生产节拍进行设计，有效控制生产效率，自动化生产技术特点表明该生产工艺能完全满足基于订单制的生产需求。

（2）针对总体生产工艺流程，详细规划每一生产过程，包括每道工序的工艺流程以及技术要点，建立完整新型装配式 T 梁智能生产工艺，完善了工业化智能建造的生产工艺体系，提升工程质量安全、效益和品质。

（3）提出生产流程质量控制目标与思路，并对合理蒸养温度进行数值分析，优化蒸养参数，研究结果表明恒温温度在 70℃时满足装配式轻型 T 梁的蒸养要求，同时调研相关预制构件生产的质量通病，提出相应防治措施，为提高质量控制效率提供基础。

第 5 章
CHAPTER 5

装配式混凝土T梁生产信息化管理技术

引入信息化管理模式已经成为行业发展趋势,目前国内大量工程均建设了单独的信息化室,切实提高了管理效率,为工程的安全、品质奠定了基础。然而大多数信息化技术主要是面向桥梁构件的质量管控与生产安全管控,范围狭窄,存在平台完善程度低、信息搜集不全面、人工为主信息搜集效率低、智慧化程度不足等问题。轻型 T 梁信息化管理提出了对工厂生产全过程以及产品质量进行全方位管控的目标并进行了研究,基于订单制的信息管理技术框架进行研究,架构了一体化信息管理平台,实现了工厂的数字化,探索了智能检测及大数据分析技术,提高了智慧化程度。本章主要介绍信息化管理关键技术。

5.1 概述

5.1.1 工厂智能化基本理论

1)企业信息系统架构

企业信息系统架构反映了一个企业的信息系统中各个组成部分之间的关系,以及信息系统与相关业务、相关技术之间的关系。ISA-95 是企业系统与控制系统集成国际标准,由美国仪表协会制定,定义了企业商业系统和控制系统之间的集成,将企业信息系统构架划分为不同的层次,并且定义了不同层次所代表的功能。ISA-95 的企业信息系统构架如图 5-1 所示。

第 0 层:定义实际生产制造过程,代表生产设备。

第 1 层:定义生产流程的感知和执行活动,代表各种传感器、变送器和执行器等。

第 2 层:定义生产流程的监视和活动,代表各种控制系统和数据采集与监视系统。

第 3 层:定义生产期望产品的制造运行管理活动,包括生产调度、详细排产、优化生产过程、维护运行和其他辅助过程。

第 4 层:定义管理工厂或车间所需的业务相关活动,包括建立基本工厂/车间生产计划;资源使用、运输、物流、库存等的管理。

智能工程要求各层级网络的集成和互联,打破原有业务流程与过程控制流程脱节的局面,使得分布于各生产制造环节的控制系统不再是信息孤岛。

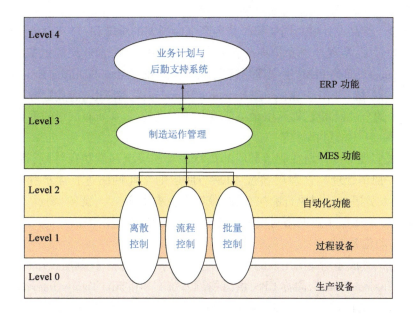

图 5-1　ISA-95 的企业信息系统构架

2）智能工厂架构

根据 ISA-95，智能工厂架构在组成上主要分为企业层、管理层和集成自动化系统三大部分，企业层产品的研发和制造准备进行统一管控，与 ERP 进行集成，建立统一的顶层研发制造管理系统，管理层、操作层、控制层、现场层通过工业网络（现场总线、工业以太网）进行组网，实现从生产管理到工业互联网底层的网络连接（工业设备连接），满足生产管理过程、监控生产现场执行、采集生产设备和物料数据的业务要求。

智能工厂架构如图 5-2 所示。

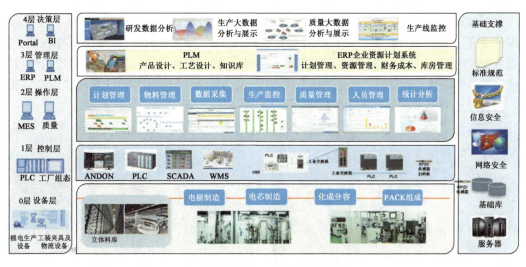

图 5-2　智能工厂的架构图

（1）企业层——基于产品全寿命周期的管控

企业层融合了产品设计生命周期和产品生产生命周期的全流程，对从设计到生产的流程进行统一集成式的管控，实现全寿命周期的技术状态透明化管理。企业层通过集成 PLM（Product Lifecycle Management，简称 PLM，生命周期管理）系统和 MES（Manufacturing Execution System，简称 MES，制造执行系统）、ERP（Enterprise Resource Planning，简称 ERP，企业资源计划）系统，实现了从设计到生产的全过程高度数字化，最终实现基于产品的、贯穿所有层级的垂直管控。

（2）管理层——生产过程管理

管理层主要实现生产计划在制造部门的执行。管理层统一发执行计划，进行生产计划和现场信息的统一协调管理。管理层通过 MES 与底层的工业网络进行生产执行层面的管控。操作人员/管理人员提供计划执行的执行、跟踪以及所有资源（人、设备、物料、客户需求等）的当前状态，同时获取底层工业网络对设备工作状态、实物生产记录等信息的反馈。

（3）集成自动化系统

自动化系统的集成是从底层出发的、自下而上的，跨越现场层、控制层及操作层三个部分，基于 CPS（Cyber Physical System，简称 CPS，信息物理系统）使用 TIA（Totally Integrated Automation，简称 TIA，全集成自动化）技术集成现场生产设备，创建底层工业网络，在控制层通过 PLC 硬件和工控软件进行设备的集中控制；在操作层由人员对整个物理网络层的运行状态进行监控、分析。

5.1.2 技术现状分析

国内信息化应用情况表明，装配式构件预制工厂的信息化管理处于初步发展阶段，基本实现了信息化，但智能化程度不高。未来应通过完善基于自动识别技术的信息采集系统，并将 BIM 软件系统进行深化拓展，与预制工厂构件深化设计、生产加工、运输、现场安装、后续运维等流程中的数据信息相结合，建立一套以新信息化技术为支撑的管理系统，在横向上结合整个工程的其他协同方，在纵向上联系工程项目在长期的需求。实现工程建设领域的大数据积累和信息化集成，能极大促进工程行业的生产效率与管理效益。

桐城预制梁厂通过全面应用信息化技术，打通了管理、设计、施工、检测等技术环节，实现了数据的全方位采集与存储，并积极探索自动化检测、智能化分析等技术，提升智能化程度。在厂内设置智控中心，实现每道工序的实施跟踪、每个指标的可溯可查，提升了质量管控效率与管理精度。基于智能建造成套装备打造的信息化技术，也为实现我国桥梁构件工业化建造奠定基础。

智控中心外景及内景如图 5-3 所示。

a) 外景　　　　　　　　　　　　b) 内景

图 5-3　智控中心外景及内景照片

5.2 基于订单制的信息管理技术框架

5.2.1 订单制管理模式

由于订单制明确了产品规格与供应数量,为信息化管理提供了便利,可以预设订单数据库,组织明确的生产计划,其间的管理目标、考评机制都较为明确,完整的订单制循环流程如图 5-4 所示。

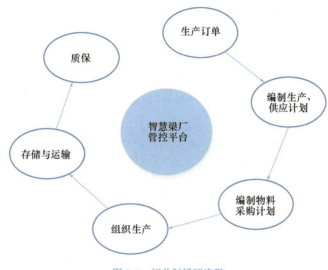

图 5-4 订单制循环流程

为保障桥梁构件全寿命周期的性能,需要建立构件完整的档案信息,根据生产订单编制生产及供应计划时,将桥梁构件进行唯一编码,为后期的原材料、生产、质量检验等信息的归档提供基础,编码采用 RFID 和二维码双重方式。

5.2.2 信息化管理目标

工厂采用信息化管理的总体目标是在装配式桥梁的全寿命周期中,运用各种信息化手段,加强建设项目的控制,实现质量、安全、工期、成本等目标,完成项目的建设。对于 T 梁预制工厂,通过过程管控,实现质量可靠、安全可控、工期可控、成本经济目标,并在管理过程中实现绿色环保的目标。

(1) 质量可靠

质量是公路交通长效安全的根本保障,也是 T 梁预制工厂产品竞争力的核心体现,主要围绕质量控制开展工厂的管控工作。管理内容主要包括过程质量指标与成品质量指标,除应满足国家规范相关要求外,还应充分发挥工厂智能生产的优势,实现质量精进、质量控制稳定的目标。

(2) 安全可控

安全是工厂发展的前提,采用工厂化的方式具有先天优势,通过机械化与作业标准化,大幅度降低了安全风险,然而仍存在违规作业等方面的风险,针对风险点引入智能化技术,纳入信息化管理框架,可以从根本上将风险控制在极低水平,实现零伤亡的目标。

(3)工期可控

工期是完成合同订单的强力约束条件,同时也起到提升工厂经济效益的作用,工期控制是通过生产线的合理规划、工期控制风险的及时预见、生产的动态调整保障的,这些都需要管理的全面覆盖以及智能预判。

(4)成本经济

经济性是企业的生存保障,只有通过全周期的统筹考虑以及集约化的管理,实现物料、装备与人力资料的合理使用,合理选型可靠装备,培训技术人员,调配资源,储备应急方案,避免流水卡顿的情况,最大化发挥生产线的生产效益。

(5)绿色环保

工厂化生产自身具有绿色环保的优势,应通过管理方式进一步提升绿色环保性能,具体包括:①加强设备的管控,减少能源消耗;②确定最优蒸养工艺,减少燃烧物碳排放;③统筹利用物料,减少物料损耗等。

5.2.3 信息模型框架

将数据信息分为三个数据库模块,如图5-5所示。

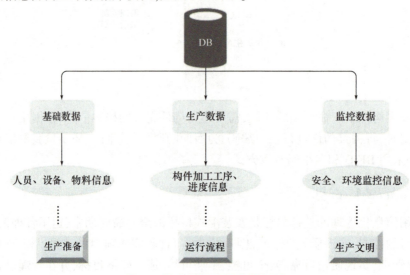

图5-5 信息化管理系统数据库模块

(1)基础数据:基础数据包含人员信息、设备信息及物料信息等。

(2)生产数据:生产数据包含构件加工的工序信息、进度信息、质量信息。

(3)监控数据:监控数据包含对工厂安全、环境的监控信息。

基础数据服务于生产准备,提供生产条件及资源详情;生产数据服务于运行流程,提供进度与质量管理依据;监控数据服务于生产理念,提供安全生产、绿色生产、文明生产的支撑。

每一个数据模块管理是通过建立个体与信息单元的一一对应关系,例如将实体设备与其信息单元相对应、将实体构件与其信息单元相对应,从而实现对工厂每一个生产资源或流程的微观掌控。根据实际需求,可进一步对个体信息按照数据库内类别进行分组管理,例如将基础数据中的人员信息按照工厂生产区域或工作头衔级别进行分组,将生产数据中的构件信息按照结构类型或生产批次进行分组等。数据库模块内的分组管理可以将微观信息集中进行宏观呈现,满足管理层对工厂不同运行局部的信息管理需求。

5.2.4 智能分析框架

预制工厂信息化管理系统,除具备为管理者提供信息查询、分析及调取的被动功能以外,还应具备一套对系统数据库内信息进行智能化分析、异常信息的主动响应与反馈的预警机制。智能分析根据智慧化程度不同,共分以下三个阶段:

(1)对关键信息的分析与呈现。包括质量、工期的情况,包括人员、设备的状态情况等,使信息接收者能够直接发现信息存在的问题。

(2)对单个信息进行深入分析。以预设的指标及检验标准,分析各项管控内容的稳定程度,及时预见可能产生的风险。

(3)对多个信息进行交叉分析。发现数据之间的深入联系,及时查明问题产生的原因,为管理提供决策辅助。

5.3 一体化信息管理平台

合枞高速公路一体化信息平台面向建设、监理、梁厂、设计以及安装施工等单位,需要满足各单位的管理需要,开发不同的资料存储、流转、展示等机制,故平台呈现内核相同、界面多样化的情况。需要考虑日常操作便利性对显示进行重设,重设又分别考虑前端和后端两类信息展示需求,设计相应的界面形态。

5.3.1 后端平台架构

后端平台主要搜集并展示的信息或功能按钮有:构件信息库、生产线信息、环保监测管理、人员及设备信息、物料信息、试验检测、视频监控、人员基站定位、智能抓拍管理、系统管理。后端平台信息及功能种类如图5-6所示,系统页面如图5-7所示。

人员及设备信息、物料信息、试验检测、人员基站定位由于信息种类庞大或专业性较强,跳转至单独的维护平台上。人员基站定位主要服务于隧道安全监控,系统管理内置常规账号维护。

(1)构件信息库

构件信息库(图5-8)主要用于构件二维码的保存以及梁位索引,由于工厂内预制T梁各存储位置时刻变动,采用信息化手段快速锁定梁体的位置,也为存储方案的制订提供便利。

(2)生产线信息

生产线信息主要用于生产线监控,提交开工申请,并且搜集拌和、布料、振捣、蒸养、张拉、压浆、三维激光扫描、喷淋等施工过程中的数据,通过全面数据搜集,建立产品的完整预制信息库。布料数据如图5-9所示。

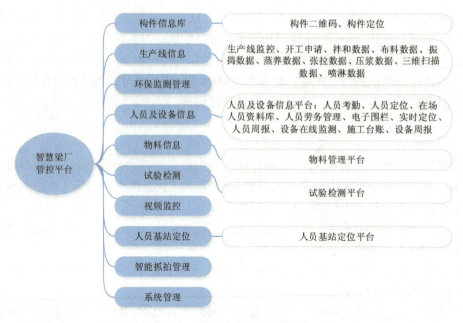

图 5-6 后端平台信息及功能种类

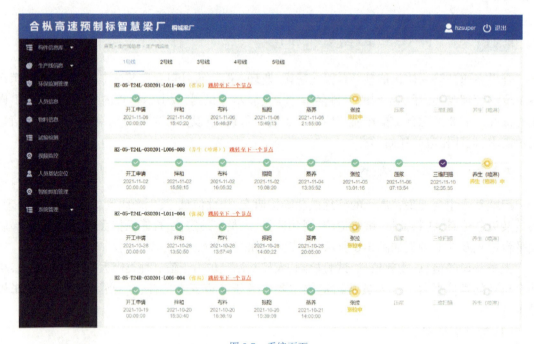

图 5-7 系统页面

(3)环保监测管理

主要通过梁厂周围的 PM2.5、PM10 以及噪声监测设备开展即时环保监测,将数据动态反馈在系统平台上,及时预警超标,开展相应控制,如图 5-10 所示。

第5章 装配式混凝土T梁生产信息化管理技术

图 5-8 构件信息库

图 5-9 布料数据

图 5-10 环保监测数据

133

(4)人员及设备信息

通过 GPS 定位及时更新人员信息;在设备上安装位置与状态的监测元件,采用物联网的方式对设备状态进行更新,真正实现了全天候不间断的监管。通过定位以及设置电子围栏确保人员和设备的安全,通过设备的维护更新资料分析,确保设备的性能状态。

(5)物料信息

物料信息主要统计水泥、砂石料、钢筋、钢绞线等原材料的采购、消耗、质检等信息,并通过推算获得材料的存量数据,评估消耗速率,预告提前采购等。

(6)试验检测

试验检测(图5-11)建立智慧检测平台,用于检测资料的上传、检测流程流转、检测报告分析等。

图5-11 试验检测界面

(7)视频监控

视频监控(图5-12)可实时调取摄像头,对厂内的情况进行展示,便于管理者远程快速访问梁厂,为安全管理提供高效工具。

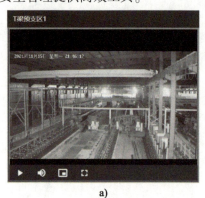
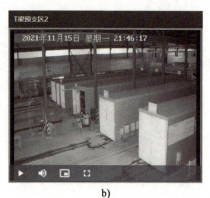

a)   b)

图 5-12

c)　　　　　　　　　　　　　　d)

图 5-12　视频监控

(8) 智能抓拍管理

通过智能识别安全帽佩戴情况,抓拍不规范行为,并配合语音提醒现场人员,推送管理人员,确保生产过程安全。智能抓拍管理界面如图 5-13 所示。

图 5-13　智能抓拍管理界面

5.3.2　前端平台架构

前端平台(图 5-14)面向即时管理,其界面设计以呈现生产线实时工作状态为主,辅以相关生产、检测、人员、环保等管理信息。

图 5-14　前端实时展示平台

（1）生产线实时工作状态

展示 1～5 号生产线的工位占用情况，可从该图片查看梁体的所处位置，对生产节拍进行总体把握。

（2）生产信息统计

主要统计累计的物料库存情况、T 梁混凝土方量、生产 T 梁数量等，为物料储量预警、生产工期的把握提供管理数据。

（3）检测信息统计

检测信息主要呈列关键的试块强度以及钢筋保护层厚度，将指标的达成情况按月展示，可以为质量控制稳定性提供管理数据。

（4）人员信息统计

面向管理者，提供人员的组织情况、当前工作人员数量以及工资发放情况等。

（5）环保信息统计

实时展示 PM2.5、PM10 以及噪声的情况，为环境保护的实施效果提供管理数据。

以上为预制工厂即时管理主要呈现的数据或指标，由于呈现页面有限，且需要便于高效地掌握数据，数据主要表现形式为动图以及柱状图。

5.3.3　BIM 系统应用

随着技术的发展，桥梁结构状态的综合、智能管理已成为前沿研究领域。结合设计、施工信息，构建完善的桥梁信息管理系统（BRIM）并进行结构状态的评估和管养策略的修订，成为未来桥梁管理的趋势。BIM 技术在桥梁工程中通过记录高质量的信息数据、有效交流信息，同样会提高工作质量，提高项目参与者的效率，节约材料、人力和资金。

合枞高速公路智慧工地建立了用于管理的全 BIM 模型（图 5-15），并内置了索引界面，用于局部模型的展示。在模型上集成了工程问题、进度预警、质量预警、安全预警等关键功能，提高了管理效率。

此外，BIM 模型实现了信息的全面集成，嵌入了管理流程（图 5-16），实现了基于 BIM 开展信息交互，围绕 BIM 开展了模型更新、工程计量、人员管理等工作，提高了信息化程度。

T 梁建模方面，采用 Tekla 软件，模型精度高达 LOD300，模型单元等同于传统施工图纸和深化施工图层次，此模型已能很好地用于成本估算以及施工协调，施工进度计划及可视化，并在建模过程中对模型中的所有零构件及节段赋予编码，实现“一物一码”。将建立好的深化模型导入模拟软件（如 Nawisworks、Synchro 等），如图 5-17 所示。

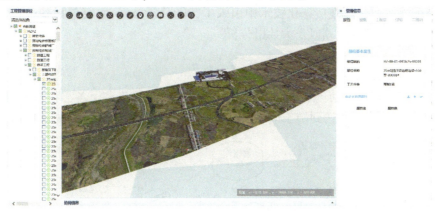

图 5-15 合枞高速公路智慧工地 BIM 管理模型

通用流程

单位	编号	流程名称	描述	发起人	发起日期	办理人	办理状态	操作
合枞高速桐城至	B3009-6	BIM实施工作协调单	新增BIM账号	杨兰兰	2021-02-23		办理完成	
上海市政工程设	B3009-7	BIM平台开发-实施计划单	计量流程中对业主代表签字进行增加，建设公司财务总监签字删除已调整完成，更新	袁鹏	2021-02-09		办理完成	
上海市政工程设	B3009-7	BIM平台开发-实施计划单	针对于前6期施工单位计量农民工工资账户转账调整，拟定方案，测试无误后报项目	袁鹏	2021-02-08		办理完成	
德上高速合枞段	B3009-6	BIM实施工作协调单	关于新增部分HZTJ-05标账号名单上报	张新俊	2021-01-25		办理完成	
德上高速合枞段	B3009-6	BIM实施工作协调单	BIM平台账号新增	王洪伟	2020-12-03		办理完成	
德上高速合枞段	B3009-6	BIM实施工作协调单	申请开通预制舒城分厂新进场人员BIM平台人员账号	谢登云	2020-11-28		办理完成	
德上高速合枞段	B3009-3	BIM模型交付检查单		王洪伟	2020-11-23		办理完成	
德上高速合枞段	B3009-3	BIM模型交付检查单	项目驻地3d模型	王洪伟	2020-11-17		办理完成	
安徽省合枞高速	B3009-6	BIM实施工作协调单	添加账号，刘程，项目办综合部，秦部长之前权限	韩磊	2020-11-06		办理完成	
德上高速合枞段	B3009-6	BIM实施工作协调单	申请开通钢结构标BIM平台人员账号	王洪伟	2020-11-04		办理完成	
合枞高速桐城至	B3009-6	BIM实施工作协调单	新增监理员账号	汪洋	2020-10-28		办理完成	
德上高速合枞段	B3009-6	BIM实施工作协调单	关于新增、删除HZTJ-06标部分人员名单上报	王杰	2020-09-09		办理完成	
德上高速合枞段	B3009-6	BIM实施工作协调单	申请开通预制标舒城厂管理人员BIM平台账号	田惠雨	2020-08-12		办理完成	
德上高速合枞段	B3009-6	BIM实施工作协调单	钢结构部分人员账号申请，附人员名单和签名	杨琦宇	2020-08-05		办理完成	
德上高速合枞段	B3009-6	BIM实施工作协调单	因现场技术人员操作失误，现存在工序未施工，但开工确认已填，现需要取消该开工	王杰	2020-07-27		办理完成	
德上高速合枞段	B3009-6	BIM实施工作协调单	BIM账号申请及签名补漏，附人员名单及签字	刘益	2020-06-22		办理完成	
德上高速合枞段	B3009-6	BIM实施工作协调单	合枞5标申请开通部分试验检测人员账号	张新俊	2020-06-11		办理完成	

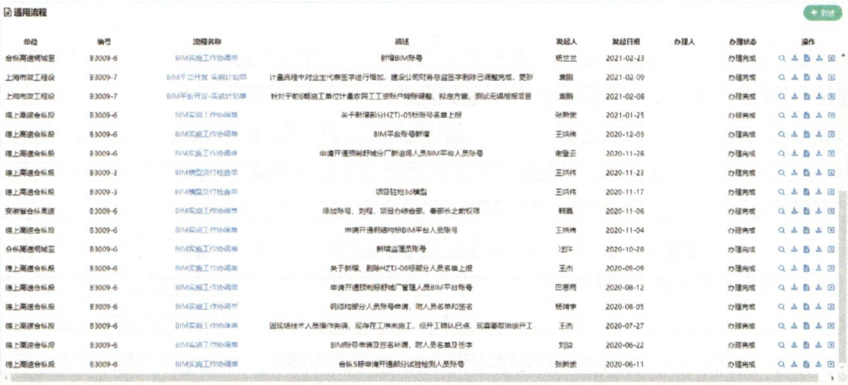

图 5-16 基于 BIM 的管理流程

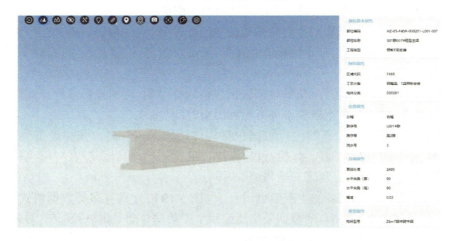

图 5-17 轻型 T 梁 BIM 模型

5.4 智能检测及大数据分析技术

新型装配式 T 梁工厂在信息化技术中引入了智能分析技术,主要包括基于 5G 的生产线数据采集、三维激光扫描检测以及大数据分析。

5.4.1 基于 5G 的生产数据采集与修正

为实现生产数据的自动化采集,在各生产设备和生产线上安装了各类状态传感器,并通过 5G 传输技术将数据实时传送到施工信息系统,生产线数据采集架构如图 5-18 所示。

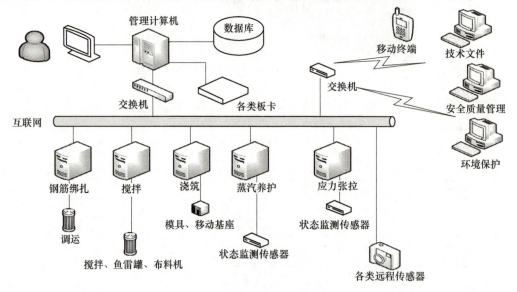

图 5-18 生产线数据采集架构

(1)混凝土拌和阶段:采集的生产数据包括拌和站名称、浇筑部位、出料时间、方量、拌和时长、水胶比、各项混凝土原料用量的实际用量和理论用量。

(2)混凝土浇筑阶段:采集的生产数据包括生产线序号、构件编码、布料位置、单次布料重量、布料次数、布料总重量、布料开始和结束时间、振捣层数、振捣器位置、振捣频率、振捣开始和结束时间。

(3)混凝土蒸汽养生阶段:采集的生产数据包括构件编码、蒸养设备名称、蒸养时间、蒸养温度和湿度(以 5min 为步长记录)、蒸养开始和结束时间。

(4)预应力张拉阶段:采集的生产数据包括构件编码、工程部位、张拉设备编号、张拉时间、钢束编号、张拉力、位移、油压、张拉行程、总伸长量、压浆方向、压浆顺序、压浆料配合比和水胶比、进浆量、进出浆压力、压浆开始和结束时间。

施工信息系统中存储的各类生产数据量巨大(图 5-19),且具有多种数据格式,为了提高数据获取和预处理效率,采用自动数据采集器编写生产数据自动采集流程框架,自动循环提取信息系统中存储的生产数据,如图 5-20 所示。

由于自动生产设备等多目标信息源物联接入时缠上的多源信息具有不稳定性,当传感设备对覆盖半径内的标签进行多次识别时,难免会产生数据重复项、冗余和缺省值,因此对于采集完成的数据,需针对数据重复和缺失进行预处理。这些多源信息中的核心要素包括:构件代号、构件编码、感应设备 ID、感应时间轴等,可利用这些核心要素对重复数据进行筛选和删除。

图 5-19 采集并存储于施工信息系统的生产数据

图 5-20 生产数据自动采集流程框架

例如,由于布料机的唯一性,在同一时间点只可能进行一次布料作业,可以将"布料开始时间"这一数据标签作为重复数据筛选依据;而振捣作业是由多个振捣器共同作用,需将"振捣器编号"和"振捣开始时间"共同作为重复数据筛选依据。根据以上规则对生产数据中的重复值进行了删除,重复值占比如图 5-21 所示。由图可以看出布料和振捣生产数据中均包含大量重复值,重复数据比例达到了 30% 以上,并且 3 号生产线的布料数据重复值超出净数据量 9 倍多,可能 3 号线布料机的数据采集敏感性过高,导致大量数据的重复采样。建立系统内置的重复数据筛选方法,对数据进行精简,避免了数据的重复。

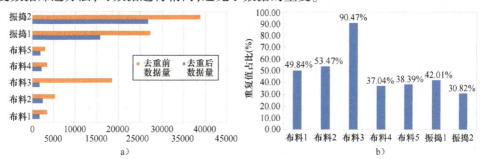

图 5-21 各生产线布料、振捣生产数据中重复值占比

5.4.2 三维激光扫描提高检测效率

三维激光扫描技术是近几年发展起来的一项新型测绘技术,又称作"实景复制技术",通过该技术可以将实物的空间三维形态进行完整且高精度地重建扫描,无须对扫描物体表面进行任何处理,实现无接触测量。三维激光扫描技术具有速度快、精度高、计算准确的优势,目前

主要用于结构物测量维护与仿真、位移监控、外观结构三维建模等诸多领域。

新型装配式 T 梁由于对梁体进行轻量化优化，板件厚度减薄，必须保证预制尺寸的精确性(误差 0～+5mm)，提出了高精度、大批量、快速化的检测需求，采用三维激光技术，以机器取代人工的方式，完美地满足了该检测的需求，同时此类无接触、自动化的检测手段也是未来工厂自动化检测的重要发展方向。

1）技术原理

三维扫描采用 FARO 激光扫描仪，此仪器是一款高速三维激光扫描仪，适用于详细的测量和文件记录。FARO 激光扫描仪采用激光技术，能够在几分钟内为复杂的环境和几何图形制作出细节丰富的三维图像。设备所产生的模型由数百万个 3D 测量点组成。

FARO 激光扫描仪的工作原理是将红外线激光束在围绕扫描环境垂直旋转的方向上产生偏差。之后，将周围对象的散射光反射回扫描仪。在测距时，FARO 激光扫描仪采用相位偏移技术，在该技术中，从扫描仪持续向外投射不同波长的红外光。当接触到对象后，会反射回到扫描仪。通过测量红外线光波的相位偏移，即可准确判断扫描仪到对象的距离。借助特殊的调制技术，可大幅提高调制信号的信噪比。之后，通过使用角度编码器测量 FARO 激光扫描仪的镜像旋转和水平旋转计算各点的 x、y、z 坐标。会同时使用距离测量对这些角度进行编码。扫描仪可覆盖 360°×300°的视野。

2）技术优势

在装配式 T 梁中应用了三维激光扫描技术，与 BIM 进行了深度融合。三维激光扫描能够更加高效、更加准确地获取装配式 T 梁的空间三维数据，突破了传统测量中的单点采集方式，其能够连续自动地获取空间数据，实现了面采集的测量方式。不仅提高了工程测量的精度和效率，也极大地减轻了检测的外业工作量。

(1) 非接触式。该技术能在不接触测量物体的情况下获得其表面的三维信息，并且所采集的数据完全真实可靠，无需反射棱镜，没有白天黑夜的限制。在目标危险、环境恶劣、人员无法到达的情况下，传统测量技术无法完成的工作利用三维激光扫描技术便可很方便地完成。

(2) 高精度、高分辨率。三维激光扫描技术突破单点测量方式，以高密度、高精度获取海量点云数据，对目标点扫描细致，从而达到高分辨率的目的。目前桐城预制梁厂采用的三维激光扫描精度可达 2mm。

(3) 数据获取速度快。激光扫描技术采集目标空间数据，速度高达数每秒十万点，可以快速获取大构件或大体积目标的空间信息。

(4) 数字化程度高、扩张性强。该技术采集的信息为数字信号，具有全数字特征，易自动化，可靠性好，易于后期处理、分析及输出。而且后处理软件用户界面友好，能够与其他常用软件进行数据交换及共享，可与外界数码相机 GPS 配合使用，具有较好的扩展性。

(5) 3D 激光扫描以及 BIM 技术在工程测量中的综合应用极大地提高了工程测量的自动化、信息化及智能化水平，不仅使工程测量的质量和效率都得到了明显的提高，而且降低了工程测量的工作强度和成本，二者的集成应用具有十分广阔的应用前景。

3）实施过程

(1) 布设测站和控制点，用三维激光扫描仪获取点云数据，在相邻的两个扫描站之间要设有 3 个及以上的公共靶标。

(2)点云配准。采用基于标靶的拼接,将多站点扫描数据配准到统一坐标系中,在拼接过程中,某个站点被指定为主站点,其他站点利用由各站点间相同的点确定约束条件,将其坐标系进行旋转平移,拼接完成之后将得到一个项目的完整点云。

(3)数据预处理。考虑到受镜头的畸变、测量时的光线、地理环境等因素的影响,还需进行预处理,以免造成误差。数据预处理通常包括异常点的处理、去噪处理、点云采样等步骤。

(4)模型重构。采用三角形格网将散乱的点云数据进行封装达到创建模型的目的。封装处理后的数据会因存在一些离散的点或某些数据不完整产生凸起、凹槽或出现孔洞,后续可以通过内部孔、搭桥等一系列方法进行孔洞填充或者通过去除特征来消除。

在点云模型建立的过程中,数据的采集与处理会产生一定的误差,需要采取相应的措施以免误差累积对质量偏差大小评估精度产生影响:

①三维扫描仪系统参数设置通过多次试拍扫描,当扫描图像中红点数量很小时可视为参数设置合理。

②点云数据利用标靶进行自动拼接,其拼接精度可控制在2mm以内。

③异常点处理建议采用软件删除法,在软件中设置精度较高的参数值,软件会根据特定的算法来识别删除。

④采用高斯滤波法去噪精度较高。

三维扫描实施过程如图5-22所示。

a)激光扫描仪扫测预制T梁　　　　b)基于标靶球配准与拼接三维点云

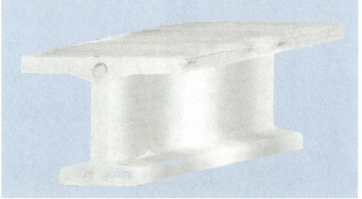

c)拼接完成的三维点云模型

图 5-22

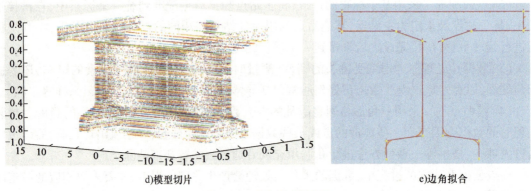

d) 模型切片　　　　　　　　　　e) 边角拟合

图 5-22　三维扫描实施过程

4) 检测效果

桐城梁厂针对 T 梁开展 100% 检测,三维激光扫描耗时约 30min,提高了检测效率,自动计算评定梁体误差,取得了较好的检测效果,检测评估效果如图 5-23 所示。

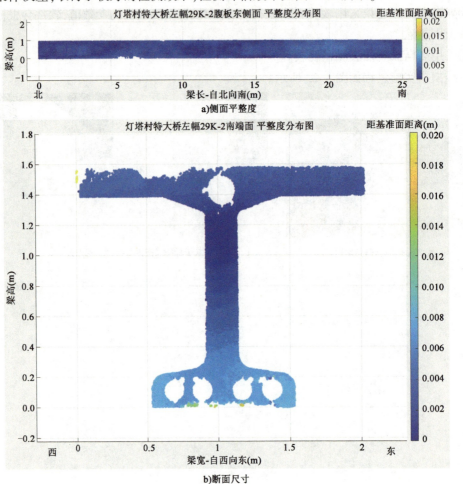

a) 侧面平整度

b) 断面尺寸

图 5-23　三维激光扫描的检测评估

5.4.3 大数据分析提升质量水平

大数据分析方法可以通过多个方向的对比和关联分析,来反映数据中存在的问题,以下从生产进度及产能、工序质量及稳定性管控、施工质量信息化管控几个方面进行分析。

1）生产进度及产能

利用时间戳数据对 2020 年 9 月—2021 年 10 月间各生产线的月产量进行了统计,如图 5-24 所示。可以看到每月的构件生产量有较大差异。自 2020 年 9 月到 2020 年 12 月,随着施工条件的成熟和熟练度的提高,产量逐渐增加,到 12 月增加到 120 片梁;随后产量逐渐下降,稳定在 60 片左右,到 2021 年 7 月生产几乎停滞,8 月后逐渐回升到每月 50 片左右。

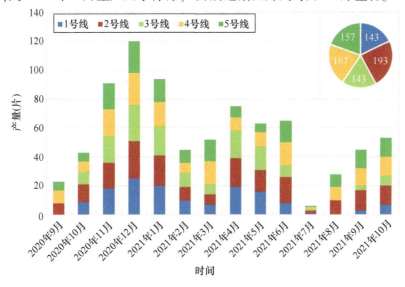

图 5-24 各生产线每月产量图

横向比较各生产线的产量,13 个月里,1 号线总产量为 143 片梁,2 号线总产量为 193 片,3 号线总产量为 143 片,4 号线总产量为 157 片,5 号线总产量为 167 片,分布较为均匀,各生产线产能较平衡。

新型 T 梁的自动化生产工艺采用蒸汽养护后,脱模时间可缩短至 24h 以内,最大生产效率可达到 1 片梁/日,因此可推算出各生产线的每月最大产能约为 30 片梁,每月总产能为 150 片梁,每月实际产量和预期最大产能的比较如图 5-25 所示。变化趋势与每月产量的变化相同,将各条生产线的产能利用率和总体产能利用率相比,可以看出,2020 年 11 月、12 月和 2021 年 1 月、4 月、6 月的产能利用率超过 50%,其余 8 个月的产能利用率都偏低。并且,2 号线的产能利用率高最高,1 号线和 3 号线几乎完全一致,2021 年 7 月以来,1 号和 3 号生产线的产能低于平均水平,如图 5-26 所示。为了平衡各生产线的模板使用率,有必要在规划生产时考虑对各生产线的平衡利用,如无设备故障,可提高 1 号线和 3 号线的使用频率。

2）工序质量及稳定性管控

根据各状态传感器采集的生产数据,可以对各施工工序的工艺特征参数和施工质量进行统计分析,并对质量稳定性进行管控。

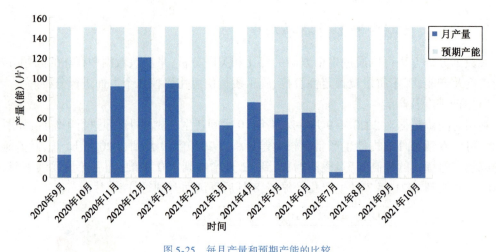

图 5-25　每月产量和预期产能的比较

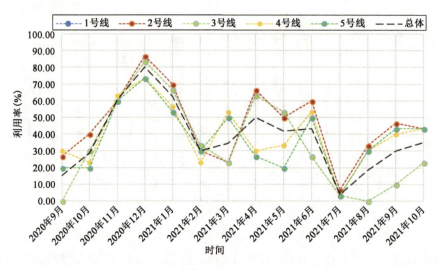

图 5-26　各生产线每月产能利用率波动情况

以混凝土拌和数据为基础,对各原料用量和配合比、水胶比误差进行统计分析,集料、水、水泥、煤灰、外加剂用量误差的均值、标准差和中位数见表 5-1,误差分布直方图和箱线图如图 5-27 所示。可以看出,各材料用量的误差均值大多控制在 ±1% 以内,其中水、水泥和外加剂的用量误差最小,集料 2 和煤灰 1 的用量误差较大,变异性也较大。

各混凝土原料用量误差统计参数表(%)　　　　　表 5-1

原料类型	集料 1	集料 2	集料 3	水	水泥	煤灰 1	煤灰 2	外加剂
均值	−0.47	−0.68	−0.44	0.12	0.04	0.78	−0.54	0.03
标准差	0.26	1.02	0.42	0.27	0.31	1.17	0.49	0.11
中位数	−0.47	−0.74	−0.46	0	0.10	0.83	−0.58	0

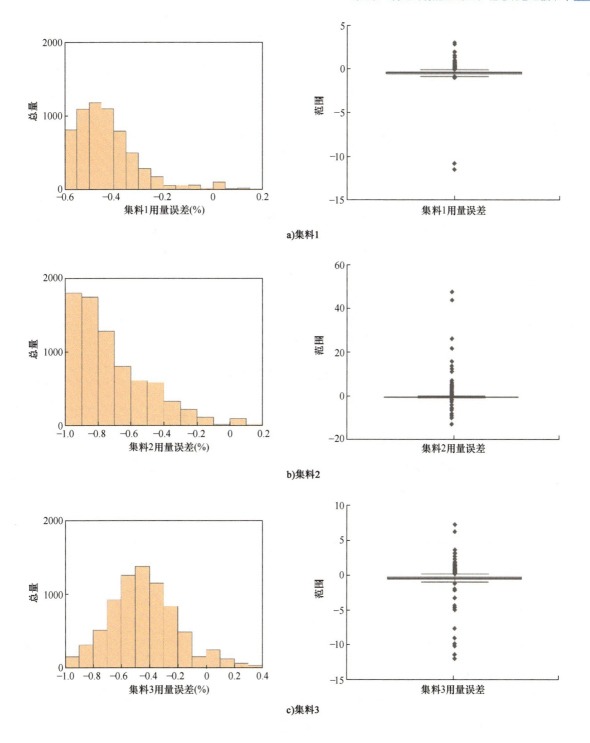

图 5-27

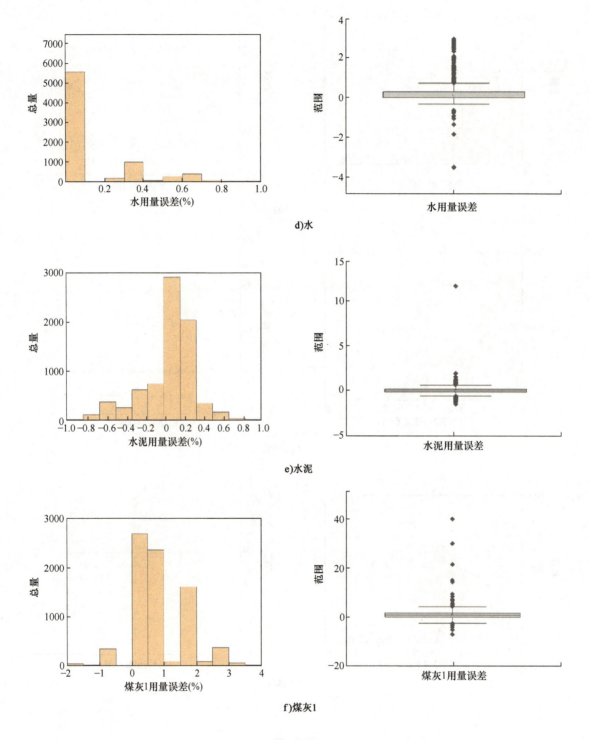

图 5-27

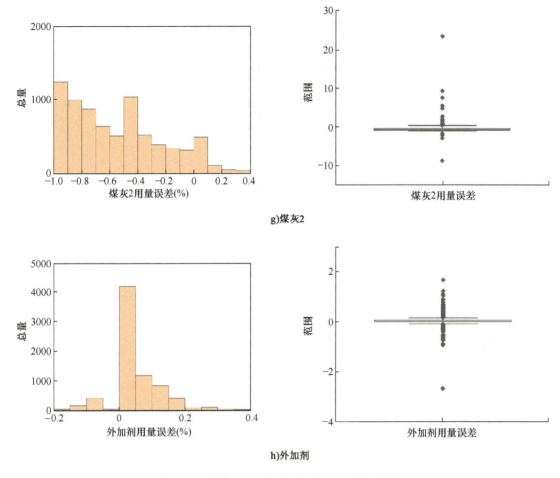

图 5-27 混凝土各材料用量误差分布直方图和箱线图

以集料 2 为例,分析每月用料误差的差异,生产总盘数、用料误差均值、标准差、最大值、最小值和中位数见表 5-2,每月产量和误差均值标准差的波动如图 5-28 所示。每月混凝土的生产盘数存在较大差异,基本和构件产量波动一致,对于集料 2 来说,用料整体偏少,误差均值为 −0.5% ~ −1%,误差变异性受产量影响,产量较大的月份误差变异性也越高,2020 年 12 月,生产总盘数为 1057 盘,用料误差标准值达到 1.52%。

集料 2 每月用料误差统计参数表　　　　　　　　　　　　表 5-2

时　　间	生产总盘数	均值(%)	标准差(%)	最大值(%)	最小值(%)	中位数(%)
2020 年 9 月	262	−0.53	0.67	4.83	−0.99	−0.68
2020 年 10 月	370	−0.56	0.43	2.29	−0.92	−0.64
2020 年 11 月	831	−0.59	0.37	5.19	−0.98	−0.62
2020 年 12 月	1057	−0.68	1.52	—	−0.98	−0.76
2021 年 1 月	850	−0.79	0.22	1.36	−1.00	−0.86

续上表

时间	生产总盘数	均值(%)	标准差(%)	最大值(%)	最小值(%)	中位数(%)
2021年2月	409	−0.85	0.31	4.79	−1.00	−0.96
2021年3月	569	−0.74	0.34	4.17	−0.96	−0.83
2021年4月	587	−0.85	0.14	0.15	−1.00	−0.84
2021年5月	516	−0.81	0.29	4.79	−1.00	−0.84
2021年6月	629	−0.77	0.31	4.27	−1.00	−0.84
2021年7月	56	−0.75	0.12	−0.26	−0.88	−0.74
2021年8月	314	−0.63	0.33	3.66	−0.95	−0.63
2021年9月	461	−0.52	0.25	0.42	−1.00	−0.53
2021年10月	517	−0.52	0.22	0.21	−0.92	−0.53

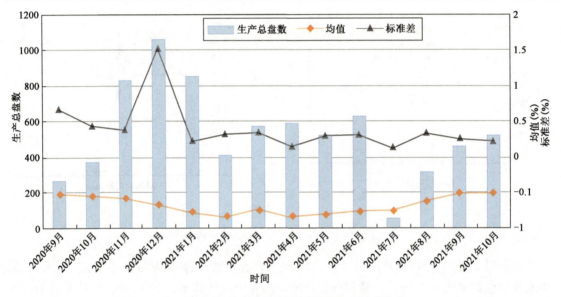

图 5-28　集料 2 每月产量及用料误差均值、标准差波动

3)施工质量信息化管控

通过对施工信息系统中的质量检测报告进行数据处理和挖掘,可以对构件重要质量指标进行统计分析和管控。以混凝土抗压强度为例,自 2020 年 9 月至 2021 年 10 月,针对新型 T 梁所用的 C50 混凝土,共进行了 797 次混凝土抗压强度试验,根据试验结果,混凝土抗压强度基本满足正态分布,其中均值为 58.05MPa,方差为 1.86MPa,如图 5-29 所示。

对每月混凝土抗压强度波动情况进行分析,每月抗压强度的均值、标准差等统计参数见表 5-3,其图示如图 5-30 所示。由表 5-3 和图 5-30 可知:抗压强度的最小值为 53.3MPa,最大值为 64MPa;每月混凝土抗压强度均值和标准差的差异较小,2020 年 9 月的抗压强度质量最高,均值达到 61.39MPa;2021 年 7 月强度质量最低,均值为 56.77MPa,均在允许范围内,说明自动化生产工艺的整体稳定性较好,质量控制水平较高。

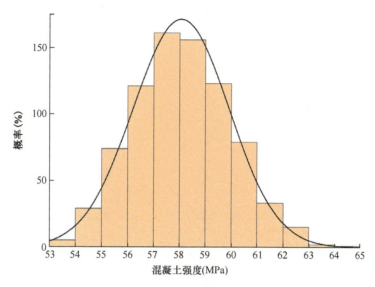

图 5-29　混凝土抗压强度概率分布图

每月混凝土抗压强度统计参数　　　　　　　　　　　　表 5-3

时　　间	试验次数	均值（MPa）	标准差（MPa）	最大值（MPa）	最小值（MPa）	中位数（MPa）
2020 年 9 月	25	61.39	1.63	64	57.6	61.8
2020 年 10 月	37	58.49	2.21	62.3	53.3	58.3
2020 年 11 月	111	57.70	1.50	62	54.8	57.5
2020 年 12 月	118	56.93	1.31	62.2	54.1	56.9
2021 年 1 月	95	58.84	1.06	61	56.3	59
2021 年 2 月	44	58.42	1.63	61.7	54.8	58.65
2021 年 3 月	67	58.85	1.84	62.1	54.3	58.8
2021 年 4 月	69	58.33	1.94	62.8	53.7	58.2
2021 年 5 月	58	58.74	1.85	61.8	54.5	58.95
2021 年 6 月	69	56.90	1.78	61.2	53.8	56.9
2021 年 7 月	6	56.77	0.77	58.2	56.0	56.7
2021 年 8 月	34	57.15	1.78	60.7	54.4	56.9
2021 年 9 月	56	57.69	1.49	61.5	53.9	57.7
2021 年 10 月	10	58.66	0.69	59.8	57.7	58.7

混凝土抗压试验次数和 T 梁月产量比较如图 5-31 所示。

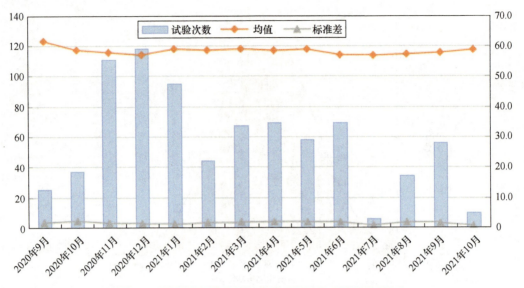

图 5-30　混凝土抗压强度每月试验次数及均值、标准差波动图示

图 5-31　混凝土抗压试验次数与 T 梁月产量对比

5.5　本章小结

本章对新型装配式轻型 T 梁信息化管理关键技术进行研究，总结框架、平台及智能化方面的经验，主要结论有：

（1）针对半永久或永久性预制工厂，提出全方位开展信息化的总体目标，细化为安全可控、质量可靠、工期可控、成本经济、绿色环保等具体方向，建议了智控中心的建设管理模式，有效避免了信息孤岛情况。

（2）明确订单制的管理模式，建立新型装配式T梁唯一编码，实现全寿命周期的信息收集与归档，以无接触RFID技术满足厂内高频的数据交互需求，以二维码铭牌满足运营期的编码索引需求。

（3）建立一体化信息管理平台，面向不同管控需求开发了多样化的界面，不仅对构件生产环节以及试验检测各项信息进行收集，而且使用物联网、视频监控的方式，对人员、设备信息进行采集，将所有信息及管理流程集成在BIM模型上，实现了多维度、全方位的工业化建造管理。

（4）深入探索三维激光扫描以及大数据分析等智能化技术，以三维激光扫面实现无人化、高效率、高精度的构件成品尺寸检测，以大数据分析技术实现了质量影响因素排查与质量风险预测，为管理者提供强有力的技术支持。

参 考 文 献

[1] 国务院发展研究中心课题组.借鉴德国工业4.0推动中国制造业转型升级[M].北京:机械工业出版社,2017.
[2] 刘大胜,蒋勤俭,黄清杰,等.预制混凝土构件工厂全国重点区域规划布局研究[J].混凝土与水泥制品,2019(9):60-65.
[3] American National Standards Institute:ANSI. The international standard for the integration of enterprise and control systems.